“幸福の国”ブータンに学ぶ

幸せを育む生き方

永田 良一

同文舘出版

はじめに

２００９年の秋、はじめてブータン王国を訪れたとき、私の胸に去来したのは、「なつかしい」という感覚でした。

はじめての訪問なのに、なぜ「なつかしい」と感じたのでしょう。そのときには明快な答えは出てきませんでしたが、その後、ブータンの人々と接し、ブータンの文化や風物に触れるにしたがって私の中に少しずつ答えらしきものが形成されてきました。

ブータン王国の人々は、仏教を信仰し、「多くのものがなくてもこころは満たされている」、「求め過ぎない、足ることを知る」――こうした今の日本には失われてしまった、あるいは急速に失われつつある人生の尺度をほぼ全国民が共有しています。

「古きよき日本」の精神が息づく国、それがブータン王国なのではないか、それゆえに私のこころに郷愁にも似たなつかしさが呼び起こされるのではないか、私はそう考えるようになりました。

古今東西を問わず、人間は自分中心にものごとを考え、常に自分が正しいと思うものです。人のいうことなど聞かないし、聞きたくもありません。そして、自分の考え方や我欲《がよく》に執着し、保身に努めます。

しかし、私はそれを否定しません。それが人間の本来の姿であると認識した上で、どう生きていくのか、周囲とどのような関係を築いていけばよいのか、そうしたことを上手に考えて行動すればよいからです。そこに幸せを育む生き方があると思います。

ところで、私には成人した2人の子供がいます。それぞれが子供を2人ずつ授かったとすると、私の孫は4人になります。次の世代も同じように子供を2人ずつ授かったとすると、私の曾孫は8人生まれることになります。現代の平均的な出産年齢は25歳から35歳の間でしょうから、およそ40世代経つと1000年後の未来の子孫へとつながります。

ここで、質問です。40世代、1000年の間に私の子孫は何人生まれることになるでしょうか。

単純に計算すると、私から40世代後には、なんと1兆人を超える子孫が生まれることになるのです。実際には途中で子供が生まれない家系もあるでしょうし、天災地変などで絶えてしまう家系もあるでしょうから、これはおおまかな数値です。

しかし、少なくとも自分から40世代を隔てる間に、想像をはるかに超える数の子孫が生まれることはおわかりいただけると思います。自分を起点として、これから生まれてくる未来の子孫のことを考えると、今の自分の生き方が後世におよぼす影響と、その責任の重さがひしひしと身に沁みてきます。

もうひとつ、ここで考えていただきたいのは、自分が生まれる前のことです。40世代前の先祖から自分が生まれるまでにも、約１０００年の時間が経過していることになります。その間、１兆人を超える多くの先祖（血縁者）が次々に生まれ、そしてすべて亡くなっていったのです。

こう考えると、現代に生きる私たち日本人は、皆が親戚関係にあるといっても過言ではないでしょう。「人類は皆兄弟」ということです。ですから、周囲の人たちと仲よくしよう、皆のためになることをしよう、次の世代によい環境を引き継いでいこう、という気持ちになれます。

私たちは、例外なくいずれ死にゆく運命にあるのですが、同時に、自分と血を分けた多くの人々が存在するという事実を真摯に受け入れることが大切だと思います。

「二《に》而《に》不《ふ》二《に》」という言葉をご存じでしょうか。周囲の人たちとの関係性の中に自分の存在を見出し、そして、個と個の壁を超えてお互いに助け合い、融合し、よりよい社会と未来を構築していくための智慧《ちえ》を示唆している言葉だと私は考えています。

自分が先祖から引き継いだ命の流れを肌で感じ、次世代によりよい環境を残していけるよう努めていくべきだ、と考えていただければ幸いです。


ご縁あって、私はブータン王国の人々と、さまざまな形でおつき合いをするようになりました。本書では、その交遊を通じて、私が実感した〝幸福の国〟ブータン王国を紹介しつつ、私たちの「幸せなこころ」の育て方を考えていこうと思います。

まずは、ブータン王国の紹介を第1章に、第2章にはブータン国民の精神的な中核となる仏教についてお話しします。第3章から第5章までは、私がこれまでの体験を通じて気づいたことを中心に、読者の皆様に改めて幸せを考えるきっかけになればとの願いをこめ、〝幸せ〟について考えるところを記しました。第6章では、ブータンと私のかかわりについて言及しています。

一日に一項目ずつでも読み進めていただき、皆様の気づきに役立てれば幸いです。

駐日ブータン王国名誉領事　永田 良一

"幸福の国"ブータンに学ぶ
幸せを育む生き方
目次

はじめに

第1章　「世界一幸せな国」ブータン王国

第2章 ブータン人が幸せな理由

第3章　こころをコントロールするスピリチュアルケア

第4章 幸せを感じるエクササイズ

第5章 幸せを呼ぶ行動力を身につけるエクササイズ

第6章 ブータン人と日本人——幸せのかけ橋

装丁・本文デザイン 橋本有可

第1章

「世界一幸せな国」ブータン王国

ヒマラヤの麓にたたずむブータン王国

ブータン王国と聞いて、皆さんはどのようなイメージを持たれますか。日本と交流のある諸外国の中でも、ブータン王国はあまりメジャーであるとはいえません。まずは、ブータン王国の基本情報をご紹介することにしましょう。

世界の屋根ともいわれるヒマラヤ山脈の南麓にある小国ブータンは、九州とほぼ同じくらいの広さ（約38400㎢）の国土に約70万人の人々が暮らす、物質的には決して豊かとはいえない農業国です。

1㎢あたりの人口密度は約18人（日本の人口密度は1㎢あたり340人）です。北部を中国、南部をインドとそれぞれ国境を接しています。すぐ西側にはネパールがあり、標高8000m級の山々がそびえるヒマラヤ山脈へとつながっています。国土の北部には万年雪をいただいた山々が連なり、南部は標高200mほどの亜熱帯気候帯に属する低湿地帯です。

日本からブータン王国へ行くには、まずタイのバンコク空港を経由して、ブータン王国

パロ空港にて（中央が筆者）

政府所有の航空会社ドゥルックエアに乗り換えます。通常は、バンコクに1泊して翌朝の便に乗ります。日によっては、インドのバグドーラ空港やバングラデシュのダッカ空港を経由することもあります。東京からバンコクまで6時間ほど、そこからブータン王国のパロ空港まで3時間（直通の場合）、合計約9時間で到着します。

パロ国際空港から首都ティンプーまでは、車で1時間ほどの距離です。途中の山々の景色はとても美しく、大きな川（ティンプー・チュ）が道路沿いに流れています。ただ、道幅が狭く曲がりくねっており、アップダウンも多いので車酔いをする方もおられます。幸いにして私は海釣りを趣味としていて、漁船で外洋に出ることもあるので乗り物酔いに悩まされることはなかったのですが、見通しのよくないヘアピンカーブを走る車に揺られていると、箱根や霧島の坂道を通っているような錯覚を覚えました。

自然豊かなブータン王国

北から南に向けた急な斜面にへばりつくように展開しているブータン王国では、険しい山岳と切り立った渓谷に分断され、谷ごと、村落ごとに言葉が異なるといわれるほど多様で複雑な文化が生まれました。そうした多様性、複雑性も、ブータンの〝不思議な魅力〟を増しているのではないかと思います。

ブータン王国の首都ティンプーは、沖縄と同緯度（北緯26度）に位置しています。標高が2300mほどあるために、気温や四季の変化は日本の長野県に近いイメージです。5月から9月が雨季で、10月から翌4月が乾季となり、日差しは強いけれども風は涼しく、真夏でも軽井沢のような過ごしやすい気候となります。1月から2月ごろ、まれに雪が降ることもありますが、降雪量自体は多くなく、市街地が雪で覆われるようなことはめったにありません。

山脈の麓にある民家

珍獣ターキン

変化に富んだ地形と気候は、生物多様性を育みます。ブータンには、頭部がヤギ、身体が牛という奇妙な動物「ターキン」や、黄金色に輝く毛並みを持つサル「ゴールデンラングール」という珍獣がいます。また、標高4000m以上の山地は高山植物や薬草の宝庫で、豊かな大自然や希少な動植物との出会いを求めてブータンを訪れ、トレッキングツアーを楽しむ外国人観光客が年々増えています。

ブータン王国の歴史と「国民総幸福量」のはじまり

17世紀、現在のブータン地域に移住したチベットの高僧ガワン・ナムゲルが、各地に割拠する群雄を征服し、ほぼ現在の国土に相当する地域で聖俗界の実権を掌握しました。19世紀には、東部トンサ郡の豪族ウゲン・ワンチュクが支配的郡長として台頭し、1907年、そのウゲン・ワンチュクがラマ僧や住民に推挙され初代の世襲藩長に就任して、現ブータン王国の基礎を確立したのです。

第3代ジグメ・ドルジ・ワンチュク国王は、1952年の即位以後、農奴解放、教育の普及などの制度改革を遂行し、近代化政策を推進しました。1964年、地方豪族間の争いから当時の首相が暗殺され、またその後に任命された首相による宮廷改革の企みが発覚して首相職が廃止され、ブータン王国は一時、国王親政となった時期があります。

第4代ジグメ・シンゲ・ワンチュク国王は、1972年に弱冠16歳で即位し、国の近代化と民主化に向けて粘り強い取り組みを実践します。1976年には、スリランカのコロンボで開催された第5回非同盟諸国会議出席後の記者会見で、「国民総幸福量（GNH：Gross National Happiness）は、国民総生産量（GNP：Gross National Product）よりも重要である」と発言し、以降のブータン王国の国家理念ともいうべき「国民総幸福量」の概念を世界に向けて発信されました。

ワンチュク前国王（第4代）は、第3代国王が敷いた近代化、民主化路線を基本的に継承、発展させるとともに、国家開発にも意欲的に取り組んでいた前国王に対する国民の信望が厚く、内政状況が安定している中で、2006年12月にワンチュク皇太子（現第5代国王）に王位を継承し、2008年11月6日に国王の戴冠式が行なわれました。

また、前国王（第4代）の指示に基づき、ブータン王国は本格的な議会制民主主義への移行を遂げ、2007年12月に上院議員選挙が、翌2008年3月に下院議員選挙が実施されました。これを受け、憲法草案に基づき、2008年4月、下院議員選挙において勝

ジグメ・ティンレイ首相と筆者（左）

首都ティンプーにある王宮

利したブータン調和党（DPT）のジグメ・ティンレイ党首が首相に任命されたのに続き、新内閣が発足します。同年5月、新国会が召集され、新憲法等の法案審議が開始されました。2ヵ月後の7月、憲法が採択され、ブータン王国は名実ともに立憲君主国となったのです。

ブータン人の国民性

ブータンの人々は、ひと言でいうとたいへん穏やかで、「隙あらば……」とか、「生き馬の目を抜く」という姿勢は見られません。

「足るを知る」という仏教思想が人々の暮らしに浸透していて、貧しくてもほとんどの国民が幸せだと感じているわけです。私たち外国人が援助にしろ、協力にしろ、何か支援すると、こころから喜んでくれます。そして、しっかりと「感謝」という形で気持ちが返ってきます。

途上国援助の場合、文化や信仰、慣習の違いから、ややもすると援助する側からの一方通行となり、私たちが予想する感謝のリアクションが相手から返ってこないこともあると聞きます。その点、ブータン人の感性というかリアクションは、私たち日本人になじみや

プナカのゾン

すいところでしょう。

対日感情もたいへん良好です。おおらかでほがらかな反面、伝統的な儀礼を重んじる国民性を有しています。また、状況によって、身分・立場に応じた振る舞いが厳密に決められており、民族衣装の着方で、その人の社会的地位がわかるくらいに厳密で細かい決まりごとが存在します。

大学卒業生に対する統一国家試験前のオリエンテーションでは、伝統マナーの実習授業があり、立ち居振る舞い、民族衣装の着用法、祭式、手紙、贈答や返礼の礼儀、食事・給仕作法などを完璧に習得することが求められます。

国民のほとんどが敬虔な仏教徒で、民家に

限らず、ホテルにまで仏間があって、日常生活に仏教（後期密教）が根づいているのがわかります。寺院と地方行政の中核機能をあわせ持つ「ゾン」という建物が主要都市ごとに設けられ、宗教的機能と政治的機能を果たしています。また、いたるところに「ラカン（寺院）」が建ち並び、祈りを捧げる場として、ブータン王国の人々の生活と密接に結びついています。

伝統的なブータンの衣食住

ブータン王国の人々は、自国の伝統的な儀礼をとても重んじていることはすでに記述しました。ドレスコードと申しましょうか、民族衣装の着こなしひとつとっても、袖を折り返す長さや、裾の丈など、身分や地位に応じた決まりごとが厳然と存在しているのです。

男性用の衣服は「ゴ」と呼ばれ、日本の着物に似ています。丈がくるぶしまである着物を、帯で膝までたくしあげて、「ケラ」と呼ばれる帯を締めます。帯のまわりにできる大きなひだ（ふところ）にいろいろなものを入れて運び、収納力の高いポケットとして利用するのです。

女性用の衣服は「キラ」と呼ばれ、150㎝×250㎝の布を巻きつけるようにして着込み、肩口を「コマ」というブローチで止め、帯を締めます。最近の若いブータン女性の間では、身体のラインがすっきり見える細身の「ケラ」や、腰から下だけの半分に切った「キラ」が流行っているようです。

以前、私も民族衣装である「ゴ」をまとい、ブータン王国首相主催の晩餐会会場に出かけました。初対面の方が多かったせいか、私と話をするまで私が日本人だと気づかなかったようです。ブータン人と日本人は、顔立ちがよく似ているということもあったのでしょう。「ブータン人よりもゴが似合う」とほめられました。

ブータン料理は「世界で一番辛い料理」といわれています。トウガラシが調味料ではなく、代表的な「野菜」として扱われているのです。米飯（赤米）とカレーのような肉と野菜の煮込みが基本的な食事のセットです。水田農耕民でありながら、牧畜文化の影響を強く受けているブータン人の食生活は、主食としての米の地位が高く、チーズなどの乳製品の摂取量も多くなります。

西部ブータンの一般的な民家の様式は、2階建てから3階建てで屋根裏を設けたものが多く、1階を家畜の飼育場か農作業用の道具倉庫などの用途に用い、2階以上を人間が生活する場として利用しています。複数世代にわたって大家族が代々住む住宅となっており、核家族化や高齢者世帯の問題は当分心配ないようです。

国旗で知るブータン王国

ブータン王国の国旗は、右上からの左下への斜線で二分されて、左側が黄色、右側がオレンジ色をしています。黄色は、精神世界を意味し、オレンジは物質世界を意味するとジグメ・ティンレイ首相が説明してくれました。この2つの色は、ブータン王国では気高き色として尊重されていて、国王は黄色、首相はオレンジ色のスカーフを身につけています。また、ちょうど二分されているのは、バランスをとることがもっとも重要であることを示します。

国旗の中央にある龍は、Druk（ドゥルック）と呼ばれ、雷龍を意味します。それは、ブータン王国がチベット語の方言で「龍の地」として知られていたことを示しています。ブータン人は龍の化身だとして恐れられていたのでしょう。龍の爪につかまれている4つの玉は宝玉で、国家の富と欠けることのない完全さを象徴しています。

視点を私たち日本人の生活に移してみると、精神世界よりも物質世界、そして文化の保存よりも文明の進歩に重きを置き過ぎているように感じます。皆さんはどう思われますか。私たちは、もっとも大切なこころをどこかに置き忘れてきて、気がついたら物質的な幸せを追い求めている相対的な世界にどっぷりとつかっているのではないでしょうか。相対的なものは、いくら追い求めてもきりがなく、虚しい気持ちになるだけのような気がします。

ブータン王国が提唱している「国民総幸福量」

「経済的な指標をもとに物質的豊かさを目指す開発モデルは、国民にとって本当によいものだろうか」

ブータン王国第4代国王に即位されたジグメ・シンゲ・ワンチュク前国王は、それまで10年以上におよぶ国の近代化開発により国が大きく変わろうとしていることに気づかれました。そして、「国民が本当に願っているのは何だろうか」という疑問を持たれ、それを確かめるために国中の地域を訪問された結果、「国民の願望は、経済的な開発ではなく、

王女夫妻と筆者（中央）

幸福を感じることである。そのほかには何も問題はない」ということを理解されました。

国民が、個人、地域社会、そして国家レベルで幸福度を向上させることこそが、自国の真なる発展であると国王は認識され、そのために最適な手段を実行すべきだとお考えになられたのです。これがGNH（国民総幸福量）を提唱することになったはじまりです。

以下に、幸運にも私が面談する機会が得られた第5代国王（ジグメ・ケサル・ナムゲル・ワンチュク）からお聞きしたお話、来日された王女（アシ・ケサン・チョデン・ワンチュク）が講演にて話された内容、何回もお会いしているジグメ・ティンレイ首相から直接お聞きしたGNHの要点をまとめてみます。

これまで先進国で行なわれてきた諸々の開発は、人々の幸福を目的とはせず、経済成長に重点を置いたものになっています。国の物質的な豊かさを示すＧＤＰ（国内総生産）などをもとに生活水準を高めることを目指しています。そして、この開発モデルの指標として、失業率、社会インフラ、法律による支配などの尺度を用いて国を評価しています。これらの指標は、人々の身体的な健康、社会の安全、知的な文化の発達においては重要であり、必要なものです。しかし、経済成長に伴って起こる社会的、環境的なコストを無視しています。

また、この経済成長の恩恵をすべての国民で共有できているのか、という観点について議論されていません。もちろん、一時的に、一部の地域が繁栄することはあるでしょう。しかし、国全体では不平等感が根強く、すべての国民の幸福につながらず、持続性が損なわれてしまいます。

人間は、こころ（精神）と身体の両方に対して同じように大切に考えることが必要です。従来の経済成長を軸とした開発モデルには、この原則が取り入れられていません。人々の幸福の原点である精神的、心理的な配慮が不足しているのです。人類の文明の産物であり、人間の価値を反映する「文化と伝統への配慮」が開発モデルには含まれているべきなのです。

国を開発する場合、地域に伝わる伝統や文化を尊重し、それらに配慮することがもっとも重要であり、社会的な国民の結束を強めることになります。前国王（第4代）は、真の幸福をもたらすために、バランスのとれた継続性のある開発を行なうことが大事であると考えられたのです。

物質的な欲求とこころの欲求

ブータン政府は、その政策と行動がどれだけGNHの価値を高めるかということを重要視しています。これは、幸福が身体の物質的な欲求とこころの精神的な欲求という2つの欲求を満たすという原則をもとにしています。GDPが物質的な成長のみの経済モデルを推進する一方、GNHは、人々のこころが平等に受け入れる全体的なバランスのとれた開発を推奨しています。永続的な環境の維持こそが、ブータン国民の生活にとってもっとも重要視されているのです。

ティンプーの街

ブータン人は、安定し、予測可能で、公平な社会が継続するために適切な策をとらなければならないと考えています。永続性という観点から、どれだけ遠く未来まで人類が生きていけるのか、そして、私たち人類の旅はどこで終わるのか、などを考えるのです。

資源には限りがあります。永続的な成長はできない、人類にもいつか終焉が訪れると知る必要があります。だからこそ、無責任、不道徳、危険な開発は避けるべきでしょう。

私たち人類が今まで乗ってきた宇宙船「地球」号は、今まではじゅうぶんな機能を果たしてきました。しかし、これからは、ハンドルもブレーキも利かなくなった古い自動車のように乗員の生命を脅かすようになったことに気づくべきだと思います。

国際的経済指標GDPと国民総幸福量GNHの違い

この60年間、世界ではGDPのもとにマクロ経済モデルが展開されてきました。財産の生産方法、分配方法、消費方法、そして管理方法は、物資的な所有を優先すると同時に、多くを消費することを奨励し、そしてさらに浪費できる、ということを前提としています。安定した、そして安全で、幸せな生活への人間の現実的な要求を満たす評価システムの構築は、重要視されてきませんでした。しかし、ようやく最近になって、私たちは資源の枯渇問題を考えるようになり、商品の過剰生産などの問題に直面していることを知り、これらが地球環境に深刻な影響を与えていることにも気づくようになりました。

GNHは、これからも永続的に続く人類にとって、現代人の物質的な繁栄のために地球が無計画に利用されているという危機感を持たせてくれます。人類の永続的な幸福を私たちは絶対的な幸福として認識し、あらゆる思想や法律、国の統治に至るまで、この絶対的な条件を組み入れることが重要なのです。相対的な競争によって勝ち取るという概念を超越して、人間の相互支援的な信頼関係を構築していくことこそが、本当に豊かな人類社会をつくりだすことになります。基本は、人の優しさ、平等、思いやり、という本来的に私たちが持っている価値観なのです。

GNHの中核となる4つの柱

ブータン王国のGNHは4つの柱が基本となります。4つの柱とは以下のとおりです。

1. 持続可能で公正な社会経済的発展と開発
2. 環境保全と持続的な利用
3. 文化の振興と保護
4. よい統治

これらは、1970年代後期からブータン王国の開発計画の中核をなしてきました。現在、世界的にGNHへの関心が高まり、社会全体の最適化を目指す方向へ向かっています。2008年、フランスのサルコジ大統領は、「幸福度測定に関する委員会」を発足させ、翌年9月には「フランスは経済発展の計測にGDPとは異なる『ハピネス（幸福度）』

を織り込んだ指数の作成を検討する」と発表しました。幸福指数を測定しようとする動きは、EU諸国、カナダ、韓国などにも広がっています。

この4本柱は、個人生活のすべての側面をあらわす9つの分野からなります。この9つの分野と属性とは、

a．基本的な生活、健康、教育の3分野（1番目の柱）
b．生態系の健全性の1分野（2番目の柱）
c．文化、感情の豊かさ、時間の使い方、地域の活力の4分野（3番目の柱）
d．よい統治（民主主義、公平、正当性）の1分野（4番目の柱）

です。これら9つの分野の一つひとつは、さらに相互に関連性のない健全な72の条件、もしくは指標に分けられています。

幸福レベルに違いを持たせるための指標について到達すべき最低基準、または充足度レベルは、1．最低収入、2．健康状態、3．学業成績、4．環境の多様性、5．自律主義、6．家族と過ごす時間に特定されています。

これらの集合体は、幅（範囲）と深さ（強度）の尺度によってさらに評価されます。どのようなときでも個人、コミュニティ、もしくは国の幸福レベルの定量的評価をしています。GNHの調査は、これら72の条件を評価するのですから、そう簡単ではありません。しかし、GNHが浸透するとより適切な指標に近づいてきます。ブータン王国では、適切な生活水準を目指して持続的な農業の振興を行ない、国民の医療と国内の教育は無料にしています。生態系の健全性を重要視して、国土の60％以上は森林として永続的に保全することを憲法で定めており、現在は72％が森林となっています。このため、豊かな生物多様性が維持されているのです。

ブータン王国は、海外からの観光客の出入りを制限することによって環境を保護しています。また、豊富な水を利用して水力発電を行ない、その電力をインドに売却して外貨を獲得しています。将来も決して原子力発電所は建設しない、と首相は明言しています。

幸せとは何か

ブータン人と話をしていると、日本人の誰かに似ているな、とよく感じます。それは、ブータン人と日本人は、顔かたちがとても似ているからですが、日本人の赤ちゃんの多くは、蒙古斑という濃い青紫色の色素斑がおしりにあります。ブータン人にも同じ色素斑があるのです。これは、日本人とブータン人のほか、チベット人、そしてモンゴル人にあります。おそらく、私たちは、遺伝的にかなり近い系統にあるのだろうと思います。

ブータン人は、民族衣装を日常的に愛用しており、家々もすべて伝統的な建築様式をもつ寺院と同じように美しい色とりどりの色調に飾られています。確かに、はじめてブータン王国を訪れたときには多少の違和感がありました。それでも、慣れてくると、シックリと落ち着いていて、風土に融合しているように見えます。民謡や踊りなど、地域に根づいている文化や伝統をとても大切にしており、国民の結束力を強め、家族のつながりや隣人との関係を大切にしています。

瞑想を国民レベルで浸透させることにも力を入れており、すべての学校で瞑想の時間を設けています。2008年に民主的な選挙を実施してから地方分権を推進しており、定期的に行なわれる国勢調査では、国民の97%が幸福であるというすばらしい結果が得られています。

ブータン王国は、チベット仏教（密教）を政府が支持し、忠実に伝え守ってきた世界唯一の国でもあります。豊富な物資に囲まれ、都市化した街で暮らす日本人の多くが不満を抱きつつ人生を送っている現実に対して、日本についての印象をジグメ・ティンレイ首相に聞くと、「日本はすばらしい。なぜならば、日本人は礼儀正しく親切である。几帳面で勤勉でもある。そして自然がとても美しい。何といっても、ブータン王国の発展に日本はもっとも支援してくれている国である」という答えが返ってきました。日本人のひとりとして、この言葉には感激しました。

多くの日本人は、豊富な物資に囲まれながらも常に不満を持っていることを説明しましたところ、ジグメ・ティンレイ首相から次のようなコメントが返ってきました。

「ブータンでは、精神的な豊かさをもっとも大切にしているから、物質にあまりこだわらない。だから、人々は幸福を感じることができる。『足るを知る（知足）』というもっとも大事なことを会得している。日本人は、幸福と快楽の混同があるのだろう。幸福とは静かな湖面のように落ち着いて安定したこころの状態を意味し、快楽は一時的な五感の興奮に過ぎない」

とはいえ、首都ティンプーでは、急速に携帯電話が普及し、インターネットも自由に使えるほどに発展しています。外国人の観光客も増え、海外情報はすぐに入手できるようになり、外国での生活状況も即座にわかります。そのためか、現実問題として、パソコンの盗難など、好ましくない事件も発生するようになってきました。また、週末には若者が街のディスコに集まり、明け方まで騒々しく踊っています。少しずつ、西洋の影響を受けているのでしょう。

結局、文明の進化、科学の発展をうまく享受しながらも、精神的に豊かであることがGNHの目指すところだと思われました。

首相が述べる「今後の展望と国の方針」

ジグメ・ティンレイ首相は、今後の展望と国の方針として、次の3点を主張されます。

1．環境保全と持続可能な開発の両立

つまり、環境に配慮して、CO_2排出を徹底して抑制するということです。電力は、従来の水力発電を主体に、太陽光発電も取り入れて、自動車は排気ガス規制を強化して、ハイブリッド車や電気自動車への移行を進めています。ゴミ処理に負荷がかからないように、プラスティック類の使用を抑えています。これらの政策は、世界に誇れるものであり、ブータン王国の国民性と文化を世界にアピールできるチャンスと考えています。

2. 国民の食料体制を改善

山間部では、子供の栄養不足が深刻で、乳児の死亡率が高く、子供の成長や知能の発達に影響が出ています。将来、農家に乳牛がくまなく飼育されるようになれば、このような状況を著しく改善できます。また、牛乳からチーズやヨーグルトなどの乳製品を生産することにより、乳児死亡率を改善し、併せて農家の現金収入が期待できます。

3. 国の文化を保護し、世界に発信

自国の文化を大切にすることが、この国にはもっとも大事なことなのです。国民もそれを強く望んでいます。古くから伝わる慣習を大切にして子孫に伝えていくのです。小学校からすべての教育を英語で行ない、同時に母国語も大切にしているので、国民は2ヵ国語を話せます。仏教に根ざした文化や歴史を後世にしっかりと伝えていくということです。

以上の3つの方針を聞き、常に芯がぶれていないことに感心しました。目先の問題を把握しながらも、高所から国の方向性を明確に語れる、そして、それを実行している、その姿に感動します。

日本において、私たちの最大の試練は、これまで慣れ親しんできた生活様式から根本的に脱却し、富と繁栄の定義を見直し、持続可能な環境と思いやりのある社会を構築していくことで、家族間の絆を強め、隣人との良好な関係をつくり、そして真に豊かな個人の生活と安定的で永続的な国の繁栄を目指していくことであると私は考えています。

地球的な規模で、持続可能で、何百世代も未来に続く人類の幸福を追求することこそが、今の私たちの幸福につながることに気づくべきでしょう。

貧しくても幸せな理由

ジグメ・ティンレイ首相主催の晩餐会に招待された際、そこでブータン王国に長く伝わる民族舞踊を見ました。30名ほどの踊り手は、ほとんどが20歳～30歳代前半の若い男女たちでした。民謡を歌いながら輪をつくって踊るのです。また、これが日本の民謡と同じように聞こえたのが不思議です。

最初は単に楽しそうに踊りを踊っているな、という程度の認識で見ていました。しかし、ブータン王国政府の内閣官房長官と一緒にワインを味わいながら雑談をしていたときに、「ブータンでは頻繁にお祭りをして、歌を歌い、踊って人生を楽しんでいる。日本人

民族衣装を着てダンス（筆者左端）

は仕事ばかりでいつも難しい顔をしている。もっと楽しく人生を送るべきだ」といわれました。その後、首相の誘いでしたので断ることもできず、私も一緒に輪に入って踊ることになり、若い人たちと手をつなぎ、隣の人の手足の動きを真似ながら、一生懸命に踊りました。

踊りが終わって、食事会場へ移動するときに、一緒に来ていた日本人女性から「とても楽しそうに踊っていましたね。いつも仕事ばかりしている人なのかと思っていました。でも、切り替えがうまいですね」といわれ、ハッとしました。

ブータン王国のGNHについて、私はその定義を頭では理解していましたが、なぜブータン人は幸せなのだろうかという本質まではわかっていませんでした。それが今回、ブータン人と一緒に踊ることで、「文化は、テレビや書物で継承するのではなく、国民の一人ひとりが自分自身で参画して次世代に伝えていくものであり、そのプロセスにおいて幸せを感じることができる。だから、ブータン人はGNHを提唱できるのだ」ということに気づきました。

私たちも、それぞれの故郷に伝統的なお祭りや文化的行事があります。こうした行事に積極的に参画して、自らが文化を継承する伝え人になっていくことが、幸せを分かち合う本質であると思います。

幸福と快楽を区別する

前述したように、ジグメ・ティンレイ首相が話された中で興味深いのは、「ブータン王国では、快楽と幸福の区別がしっかりとできている」ということです。

日本では、快楽の中に幸福を見出そうとしている人を見かけます。快楽とは、気持ちよく楽しい感覚的なもので、一時的に欲望が満たされた状態で、人間の五感（視覚、聴覚、嗅覚、味覚、触覚）を刺激して、心地よい感覚を楽しみます。決して悪いことではないと思いますし、人間に与えられたひとつの褒美だとも思えます。

しかし、快楽は一瞬の相対的な感覚であり、永続性がありません。世の中には快楽を目指してがんばっている人が大勢いることも事実でしょう。残念ながら、一時的に快楽が得られても、それが幸せであるとはいえないのです。

一方、幸福は、こころが満たされた状態をいいますから、持続的で安定した精神の喜びでもあります。仏教では、知足（足るを知る）が幸福の本質であると説きます。物質的な欲求や一時的な快楽を追い求めていては、知足の境地からどんどん離れていくのです。

◆第1章のまとめ◆

日本の現代社会では、他人との比較、市場の比較、強みと弱みの部分の比較、過去との比較、計画との比較など、何かと比べることにより実態を理解しやすくします。

そこに時間軸を組み入れて、差別化を企てて競争優位性を確立していくのがビジネス戦略でしょう。そうすることで、現実をよりよく理解することができ、将来を予測することもできます。

しかしながら、そのような相対的な世界にどっぷりとつかっていると、生き方までもが相対的になってしまうのです。ややもすれば、人との比較、過去との比較を無意識に行ない、劣勢を感じると、とても嫌な気分になってしまうでしょう。

人間の幸せは、今、この瞬間に幸せだと思えるか否か、それによって決定づけられると私は考えています。

第2章

ブータン人が幸せな理由

ブータン人の信仰

山頂にある寺院

ブータン王国では、大乗仏教（後期密教）が国家的に保護されており、日常生活においても仏教信仰が深く浸透しています。ブータン人のこころは、仏教によって統治されているといってもいいと思います。

ブータン王国には、ラカンあるいはゴンパと呼ばれる寺院、チョルテン（仏塔）などの仏教史跡が観光名所であり、ブータンの国民の生活・信仰とも密接につながっています。寺院には華麗な仏像・仏画が並んでおり、それらは単なる美術品や歴史遺産ではなく、現役の信仰の対象として国民に認識されています。ブータン王国密教の開祖であるパドマ・

サンババをグル・リンポチェ（至宝の師）として敬慕し、彼の布教活動を再現し、その威光を悪霊たちに再認識させるための大規模な法要「ツェチュ」が全国民的行事（祭祀）として盛大に営まれます。

ブータン王国では、僧侶には特別な待遇がなされ、国民にたいへん尊敬されています。幼少時から厳しい修行を行ない、りっぱな僧侶になることが本人と家族の誇りなのです。

ブータン人の幸せの根源を知るには、この仏教を知ることが大事です。本章では、ブータン仏教と源を同じにする日本の密教（高野山真言宗）から、実践的な面をわかりやすくご紹介していきましょう。

私と密教との出会い

ここで、ブータン人の幸福の原点ともいえる密教についてご紹介します。私は、今から20年以上前に、鹿児島市平川町にある最福寺の池口恵観《えかん》大僧正（傳燈大阿闍梨《でんとうだいあじゃり》）に出会って密教の存在を知りました。もともと我が家は神道の家系で、庭には先祖を祀る神社もあります。そして、私はキリスト教系の学校を卒業しています。そんな環境で育ったからこそ、仏教との出会いはとても新鮮でした。

弘法大師空海を開祖とする真言宗の総本山・高野山で修行をされた池口惠觀先生の教えには、「人はどう生きるべきなのか」という本質が示されています。

密教の本質は、自分を大切にして自分を信じることだ、と池口惠觀先生はいわれます。これが「自信」になります。自分で自分を信じられなくて、誰が自分のことを信じてくれるのでしょうか。誰かに自分を信じて欲しいと願う、それが人間の本能でもあると思うのです。ですから、まずは自分自身を信じきること、そして、自分を愛し大切に思うことが一番大事だと説かれます。

自分の力を信じて、自分の生命力を信じて、自分は生かされているのだ、ということを一人ひとりが意識して、目標に向かって全力を尽くすこと、その成果を次世代に継承することこそ、人が生きるということではないでしょうか。このような考え方は、宗教の枠を超えて、すべての人類に共通に受け入れられる普遍的な真理だと思います。

自分を大切にすることは、人類の生命を大切にすること

自分のために一生懸命になることは、自分を大切にすることであり、継代する生命を大切にすることでもあります。ですから、とても大事なことだと思います。自分自身も人類

の一員であり、宇宙という大生命体のひとつの生命を期限つきで授かって生かされていることに気づきます。

自分はひとりではなく、過去や未来のすべての人々とともに生かされており、決して孤独ではありません。人間は、いつかこの世を去り、あの世に戻ります。そのとき、一時的に授かった自分の生命を大生命体に返すのだ、と考えてみると、自分の肉体は借り物の姿（船みたいなもの）にしか過ぎないことがわかってくると思います。そうなると、自分のためだけではなく自分自身が持てる力の限りをもって、人々のために、さらに自分の生命母体である全人類のために尽くすことこそが、生きる本質的な目的であることに気づくことでしょう。また、自分の肉体もその目的を達成するために大切に使うべきだとわかると思います。

人類のため、社会のために一生懸命尽くすことで自分自身も幸せを感じ取り、その成果を次の世代の生命へと受け継いでいくことができるのです。どれだけ長く生きるかが目的ではなく、どのように考えて、どのように行動するのか、それが人間の生き抜く根本哲理であり、とても重要なことだと思います。そう考えると、取るに足らないことや社会のためにならないことはすべきではないとわかってくるでしょう。

人生のうち、仕事を通じて社会に貢献できる期間はおよそ40年か長くても50年ほどです。それを終えるころ、人は自分の歩んできた道を振り返ります。自分は社会のために貢献できたか、自分とかかわった人々を幸せにすることができたか、そして、自分が満足できる成果を残すことができたか、この3点が、私が人生の価値を測る物差しです。

誰しも必ずいつかは終焉のときを迎えます。そのときに自分自身は本当によい人生を送った、よい家族や友人に恵まれた、と思えたら幸せに生き抜いたことになり、同時に幸せに死ねるものだと思います。皆さんはいかがでしょうか。

密教における三密の教え

世間では、優しさが求められています。しかし、優しさだけでじゅうぶんでしょうか。私は、力強く、たくましく、そして簡単には折れないしなやかさを伴った優しさを持つことが大切だと考えます。そのためには、「身《しん》・口《く》・意《い》」という密教の根本の教え（3つの秘密の鍛錬：三密）を理解して、実践することをおすすめします。

私たち一般人は密教の修験行者ではないのですから、三密のとらえ方を衆生《しゅじょう》の視点から考えてみましょう。ここでいう「身」は行動、「口」は言葉、「意」はこころと解釈してよいでしょう。

「身」の基本は、即実行すること、つまり、すべきことを先延ばしにしない、即実行できる強い精神を養うということです。

「口」は、相手に自分の意思を伝達する手段です。言葉にはこころがこめられていなければなりません。

「意」は、こころの中にしっかりと根づいた「理念樹」を育むことが大切になります。理念に基づいた正しいこころで考えたことが正しい言葉となって発せられるのです。

正しい理念樹、すなわち揺るぎない大木のような理念の根幹をこころに持っていると、人と話をする際に、相手の考えもよく理解できるようになります。そして、相手の行動を見ていると、その人がどのように考えて行動しているのか、何を求めているのかがわかります。「身・口・意」をしっかりと極めて自分自身を高めることによって、しなやかで強く、たくましい優しさを持つこころが育まれるのです。

苦難は智慧の試練と考える

私たちの目の前には、日々、さまざまな課題や問題が発生します。それらは乗り超えなければならない目標です。課題や問題を苦難や障害ととらえてしまうと、どうしても不平や不満が出てしまいます。

しかし、苦難が自分を成長させるためのチャンスであり、すばらしい機会なのだととらえるとどうでしょう。そう認識できれば、ネガティヴな発想、あるいは愚痴や不平不満はあまり出てこないのではないでしょうか。

こころの持ち方次第で状況は一変します。つらい、苦しいと思うことがあれば、それは天が与えてくれた成長の絶好のチャンスなのだと考えてみましょう。苦難にあってこそ、智慧にめぐり会えることができるのです。そして、苦難を乗り超えることによって、成功を勝ち取ることができるのです。成功は周囲の人々に支えられて得られる、あるいは周囲の人々から与えられていると感謝することで幸福感がさらに増してきます。そうすれば、こころの中に絶対的な幸せを見出すことができると思います。

こころの饒舌《じょうぜつ》を戒める

「こころの饒舌」は、俗にいう「魔がさす」状態のことです。人間なら誰しも弱いこころが生まれてきます。「弱いこころ＝こころの饒舌」が生じたときに、こころの深い場所

（深層心理）に眠る魔性があらわれます。特に、疲れたとき、深い悲しみに陥ったとき、大きな怒りを持ったときなど、本性が顕在化して、こころの奥底に眠っている魔性が出てくるのです。

世間では、目を覆いたくなるような悲惨な犯罪が頻発しています。そもそも人間のこころには、本性として仏性があり、「罪を犯してはいけない」ということは本能的にわかっているのです。けれども、こころの仏性が曇っていて、感情の高揚により理性のタガがはずれて、魔性が前面に浮上したときに重罪を犯してしまうのでしょう。これは条件さえ揃えば誰にでも起こり得ることなのです。

一方で人間の良心は、常に邪心と戦っています。良心が邪心を抑えることができれば、良心が勝利を獲得します。良心の勝率が高くなればなるほど、良心のエネルギーが高くなり、仏性の強さが増していきます。正しい行為が蓄積されて習慣化されていきます。日々の正しい行為がこころの仏性を磨くことになるのです。

「誰も見ていないからこのくらいのことはやっても大丈夫だろう」、「この程度ごまかしても誰もわからないだろう」というこころの隙を、私は「このくらい症候群」と名づけています。犯罪とまではいえませんが、ちょっとした気のゆるみ、あるいは自分への甘えもこころの饒舌が原因です。

人間の本性である仏性をしっかりとこころに育むということが、こころの饒舌を戒めるにはとても大切だということはご理解いただけたと思います。日々、いろいろなこころの饒舌が生まれてきます。それらをひとつずつ戒めていくことによって、こころを鍛錬していけるのです。

通常、私たちは「理性」で精神と行動をコントロールしています。理性は、法律や規則、あるいは倫理・道徳という社会ルールによって育成されるものです。ルールを破ると罰則を受けるという「恐怖」に基づく行動の抑制がかかります。

よいことをして、ルールをきちんと守っていたらご褒美がもらえる、一生懸命に働いたら報酬がもらえる、といった「利益」に基づくこころの制御もあります。この「恐怖」と「期待する利益」によって、バランスよく「理性」が働いている間は、私たちは社会生活をうまく送ることができるように思います。

こころの饒舌は、不要なもの、ないほうがよいものに思えるかもしれません。しかし、実は人間として成長するという課題をこなすためには必要なものだと思います。それは、こころの饒舌がこころの内側から生まれ出る「智慧の試練」でもあるからです。

貪瞋痴《とんじんち》を知る

「貪」は、貪欲な欲望を意味します。

「瞋」は、怒り、憤りです。

「痴」は、本質が見えない、おろかさのことです。

手に入れたいものを欲しがる欲望、他人をうらやむ嫉妬、仕返しをしたいほどのうらみ、爆発するほどの怒り、これらは、こだわればこだわるほど、驚くほど精力的に人間を動かします。しかし、その結果、満足できる結果を得られるのでしょうか。きっと、虚しい、終わりのない欲望の世界に引きずり込まれるだけではないでしょうか。

貪瞋痴は、ある意味では人間の本質を示す言葉でもあります。しかし、本質がゆがんだモチベーションは、見せかけのモチベーションであり、そうした動機づけに基づく行動は、自分と周囲を幸せにする結果を生むことがありません。

私は、人間が幸せに生きるには、他人の幸福を願い、他人のために尽くすこころ、すなわち「利他《りた》のこころ」が必要だと考えています。本質にのっとった行動は、周囲の人間の協力態勢をつくり出し、「利他」の種子をまいていることと同じ効果があります。

求《ぐ》不《ふ》得《とっ》苦《く》を知る

求不得苦とは、「求めるものが得られない苦しみ」のことです。「四苦八苦」という言葉がありますが、もとは仏教語で人間の苦しみをあらわしています。求不得苦は、この八苦のひとつで、手に得がたいものに執着すると自ら苦しみを生んでしまうという意味です。とはいうものの、私たち人間は「もの」に執着する性質を持っています。誰かが持っているものを見て、自分も欲しくなってしまう、それが自然でしょう。

私は、基本的には「欲しい」、「したい」、「なりたい」という欲を否定しません。なぜならば、これらの欲を持つことで人間は意欲的に、そして元気に生きられるからです。ただし、物欲に関しては、いくつかの制約条件があると思います。

たとえば、あなたが数年前に欲しくて買ったもの、今、それはどうなっていますか。大事に使っていますか。それとも戸棚の奥に眠っていたり、タンスの中に詰め込まれていたりしませんか。また、それほど執着しないで衝動買いしたもの、これらは今、部屋のどこにあるのかわかりますか。

私の知人でユニークな本を書いた人がいます。タイトルは、『モノを捨てればうまくいく　断捨離《だんしゃり》のすすめ』（同文舘出版）。著者は川畑のぶこさん、監修はやましたひでこさんです。皆さんの部屋には、ほとんど（まったく）使わないものがたくさんあると思います。人からもらったものや、買うときには高いお金を出したもの、いつ買ったのかわからないものなどなど。いつかは使うだろう、何かの役に立つだろう、そう考えると、もったいないという気持ちが出てきて、捨てることができないものです。

川畑さんは、人に進呈できるものは別として、それでも片づかないものは思い切って捨ててみると、狭い空間にこれだけのものがあったのか、と驚くほどの量のゴミになると記述しています。

私も、以前から使わないものは部屋に置かないようにしています。きれいに片づいた部屋は気持ちがよいだけでなく、ものを持たない気楽さが快適です。また、買い物をするときに本当に必要なものしか買わなくなる、という生活習慣の改善にもつながります。エコロジーと経済効果、そして心理効果の相乗効果が得られます。

諸行無常《しょぎょうむじょう》を知る

これは、「万物は常に変化して少しの間もとどまることはない」という意味です。日本には、昔からこうした概念がありました。

さて、「自分」について考えてみましょう。皆さんは、昨日の自分と今日の自分、そして明日の自分、いずれも同じだと思っていませんか。

多くの方が、朝、目覚めたときに、自分は昨日とどこか違っているなんて考えたことはないでしょう。しかし、人間の肉体は時間とともにすべてが変化しています。日々、体内では、たんぱくが生成されて、時間の経過とともに細胞は新たなものに入れ替わります。1年も経つと、まったく違った自分の肉体が存在することになります。生きている限り同じ肉体が存在し続けると考えている人が普通でしょう。

「同じ」という概念は、ある意味でとても乱暴であり、事実とは異なっています。けれども、同じであると考えることで、意識がバランスをとっており、概念の世界を感覚的に調整しているのです。

ここで、少し考えてみましょう。りんごが2つ、みかんが2つあります。この状態を、

「果物が4つある」ともいえます。しかし、りんごにはそれぞれ個別に違いがあり、同じりんごは存在しません。それでも、「りんごが何個」といいます。さらには、りんごもみかんも同じ「果物」と考えることが人間にはできるのです。違いがあるのを承知で、ひとくくりにして、「同じ」という概念を持つのです。

一人ひとりの人間には、それぞれに個性があり、個性を大切にすることは悪いことではありません。しかし、個性を大切にするあまり、もっと大切である「人としてのしつけ」をおろそかにするのはどうでしょうか。

教育とは、「人を変えることである」と、東京大学名誉教授の養老孟司さんがいっておられます。人は容易に変えられない、と思っている人が大勢いることでしょうが、実際には人は刻々と変わっているのです。問題は、意識を変えることは難しい、ということです。これを養老孟司さんは「バカの壁」とあらわしたのです。

自分の考えこそ、もっとも容易に変えられるものです。間違いに気づいた時点で、自分に修正を加えることができれば、人はすぐに変わることができます。今この瞬間、昨日の自分よりも少し成長した自分に気づき、明日にはさらにもう少し成長した自分を思い描くことで、人間は容易に変わることができます。そうです。もっとよい、なりたい自分に変わるのです。

寂静《じゃくじょう》を目指す

寂静とは、こころの静まった状態で執着《しゅうじゃく》を離れ、憂いなく、安らかなこころを持っている状態です。いわゆる「悟りの境地」でしょう。悟りは、涅槃《ねはん》ともいい、仏教では修行の究極目標となります。密教では、即身成仏、生きている間に悟りに達することを目指します。

私たちは、煩悩（心身を乱し、悩ませる、汚れた心的活動の総称）を持っています。この煩悩があるがゆえに、こころは迷い、悩み、乱れます。それが人間であり、人間らしさの象徴ともいえるでしょう。

煩悩の火が吹き消され安らいだ境地、不安や悩みがない状態が寂静となります。生身の人間である以上、寂静の境地にたどりつくことは困難です。それでも到達することを目指すところに意義があります。

煩悩の根本である三毒「貪瞋痴《とんじんち》」すなわち、貪欲、瞋恚《しんい》（怒り）、愚痴《ぐち》の3つの火を滅することが、一般的な仏教では日常の修行の目的となります。そして、生命の火が消えた状態（死去）で入滅します。この段階で、人はすべて涅槃寂静の世界の入口に立つことになります。つまり、人間は死ぬことによって寂静を得ることになります。

一方、密教では、寂静となる涅槃を求めることなく、清浄で清らかな大欲《たいよく》の世界に生きることを目指しています。それは、生死の煩悩の世界にとどまることなく、また、悟りの世界にもとどまらず、人々のために生き抜け、というものです。そうすることで即身成仏を果たせるのだと私は解釈しています。

「大欲に生きる」とは、厳しい修行の積み重ねの末にたどりつける生き方です。ですから、密教でいう大欲は、一般の人が考える欲望とはまったく性質を異にします。普通は、大欲というと大きな欲望の塊と誤解するでしょう。しかし、ここでの大欲は、多くの人を救う欲であり、自分だけの小さな欲を超えて万人のために尽くす欲という意味です。

20数年前に池口恵観先生から「大欲を持ちなさい」と諭されたときには、私は真意が理解できませんでした。また、「大欲を持つためには『八千八百万の欲』を持つようにしなさい」といわれたとき、そんなことはできないと唖然としたものでした。

しかし、自分の欲を考えてみると、本当にちっぽけな欲ばかりだと気づきました。りっぱな家に住みたい、高級車に乗りたい、など、ありきたりの欲しか浮かびません。個人の欲は、たかだか百もありませんでした。その数年後、ふとしたきっかけで「八千八百万の欲」を持つには、自分という個の枠を超えて、多くの人々のことを考えることである、という本質にようやく気づいたのです。

大きな欲は、我欲のような個人の欲望を満たすものではなく、清らかで浄化された欲なのです。いずれ寂静を求めるときが訪れても、恐れずに死を迎えることができると考えています。

大欲を実践する3つの力

東京のど真ん中、代々木八幡駅近くに大日寺という真言宗のお寺があります。そこの住職であられる大栗道榮《おおぐりどうえい》大僧正（傳燈大阿闍梨）は、大欲の根本となるお経（理趣経）について、次のような解釈を教えてくれました。

菩薩《ぼさつ》は優れた智慧を持ち
死ぬとも生命あるかぎり
常に諸人の利のために
尽くしてしかも自らは

涅槃に行くこと望まない
般若の智慧と便法と
諸法で諸人に力添え
清浄世界に引き入れる
世間の汚れを清めんと
小欲変じた大欲で
有頂天から地獄まで
あらゆる魔障《ましょう》を除くのだ
白い蓮華《れんげ》が泥沼の
泥に体が染まぬよう
大欲こそは世の中の
汚れに染まず大衆の
利益のために尽くすのだ
菩薩のもてる大欲は
諸人の心を清らかに
大安楽《だいあんらく》と豊饒《ほうじょう》を

与えてなおも三界で
自由自在の働きと
堅固な利益をつくるのだ

大欲といっても、一般の人にはなかなか理解されないでしょう。しかし、私は、もっとも高貴で尊い思想であり、最高の幸せであることは間違いないと信じています。

大欲を実践するには、単に思想だけでなく、用意周到な準備と日ごろのこころがけが必要で、特に次の3つの力が必要だと考えています。それは、1．財力、2．人脈、3．求心力です。そして、それらをうまく組み合わせて融合させるために、理念が必要です。

理念を持って、財力、人脈、求心力をバランスよく組み合わせていけば、大欲へつながる目標が一つひとつ実現していきます。目標達成のたびに、智慧が与えられていきます。がむしゃらにがんばっても、智慧がなければ財力も形成できず、目標を達成できません。財力を獲得することを目指すのではなく、手段として財力が必要であることを理解してください。財力自体に本質はありません。

ひとりでがんばっても、その力には限界があります。ですから、多くの智慧のある人との友好関係を構築しなければなりません。人脈とは、友好関係が輪を広げていくものです。紹介したい、紹介してあげたい、と思われるためには、日ごろから誠意を尽くして交友することが大切です。求めてばかりでは、人との信頼関係は構築できません。見返りを求めずに助けてあげること、手伝ってあげること、尽くすことが大事なのです。

目標を達成するためには、人々を惹きつける力が必要です。人は強制されても従いません。会社では、上司から命令されればその場では従うでしょう。しかし、自律性がなければ継続しません。リーダーシップとは、人が人に引き寄せられる求心力を意味します。

要するに、大欲を実践するには、財力と人脈と求心力を、理念という力で結びつける必要があると考えています。そうすることで、人々のこころはひとつになり、相乗効果によって大いなる智慧を獲得できるのです。私は、方向性を間違わず、日々、努力を積み重ねていくことにより、大欲に生きることができると考えています。

こころの無尽を知る、これを智者という

江戸時代の高僧の法語です。人のこころには、１６０もの様相があるといわれます。その一つひとつが、すべての人間にあらわれるこころであり、どれが善で、どれが悪であるという概念ではなく、その人のそのときの環境や周囲の状況によって、こころは変化する

ということです。

すなわち、自分独自の判断で「あの人はよい人だ。会っていると楽しい」と感じる人もいれば、「あの人が苦手だ。できれば避けたい」と思っている人もいるでしょう。その判断は、限られた情報をもって、個々人独自の判断基準で行なわれているだけで、実際には、それぞれの人がいろいろなこころを持っていて、一部だけを見て判断しているに過ぎません。

改めて、自分の身のまわりを見ると、偏った見方で人を判断していることに気づきます。人は皆、160のこころを持ち得るのですから、その一部だけを見て、判断するのは不十分ですね。冷静に、中立的に、適切に判断しているかをよく考えてみたいと思います。もしかすると、あなたが苦手だと思っている相手は自分が考えているような人ではなく、すばらしいこころを持った人なのかもしれません。

左手に火、右手に水を持つ

火とは、燃え盛るような情熱です。何かをやり遂げたい、目標を達成するのだ、という信念をあらわします。怒りを源とせず、人々のために懸命に働く、清らかで高いモチベーション、大欲に基づく行動の源泉です。そこには、自己実現や人々からの賞賛、あるいは報酬も期待できます。しかし、これらは目標ではなく、あくまでも実績に付随するものと理解しましょう。「なくても結構、あったらいいな」という気持ちでいることです。

一方、水とは、火を消すための冷静な判断という意味です。大欲に従い、情熱を持ってひたすら前向きに進むことも大事です。しかし、ときには立ち止まって自己反省しつつ、自らの不足を考え、大切なものを失っていないか、誰かに迷惑をかけていないか、自分自身を大切にしているか、省みるのです。

人間、生身の身体です。無理をすれば病気になります。仕事ばかりでは、家族に愛想を尽かされます。バランス感覚の大切さを忘れてはなりません。左手に大きな火をともしながら、右手の水で炎の調整をする、矛盾するようでありながら、人間にはこのようなバランスが必要だと思います。

そもそも平等でないものを、平等に扱うことほど不平等なものはない

これは、仏教の開祖である釈迦が残した言葉だそうです。あまねく人々が教育や医療を受ける機会は平等であるべきです。その結果、努力により実績を積んだら、平等ではなく

公正に扱うべきだということでしょう。

ある幼稚園の運動会の徒競走で、手をつないで皆で一緒にゴールインしましょう、ということが実際に行なわれたそうです。これほど悪平等なことはないでしょう。足の速い子がいれば、その子は1番にゴールして両親や先生から賞賛されるべきだと思います。一生懸命に練習して努力した結果であれば当然です。

ピアノの上手な子は皆を代表して独奏する機会を与えられる、暗記が得意な子は成績優秀でほめられる、子供の強みを伸ばすことによって多様性の本質をつかみ、社会をよりよい環境に導くことができます。

企業や他の組織体においても同じだと思います。努力に対しては賞賛し、成果に対しては報酬で報いる、これが公正で公平な扱いでしょう。何でも皆同じでは、平等ではなく、「不平等悪」としかいいようがありません。世の中には平気で勘違いして、不平等な扱いを不公平と主張している人がいます。それこそ偏った民主主義だと私は思います。

人間の本性である〝自我〟を滅する

「自我を滅する」というと、とんでもないことのように思えるでしょう。凡人には無関係、そう考える人が多いと思います。現実にはまったく無意味・不可能であり、完成した人間を目指すことなど現実離れしていると思うことでしょう。私もそのように思っていました。

しかし、幸せに生きることを望まない人間は世の中にはいないでしょう。すべての人間が自由であり、幸福であり、子孫に明るい平和な社会を残してあげたいと考えていることも間違いない事実だと思います。多くの人が、これは理想だから、現実とはかけ離れていると考えて、頭から実現不可能とあきらめているのです。私は、今は実現が難しくても、できる範囲内で理想に向かって一歩ずつ前進していき、バトンを次世代に渡すことはできると思います。

歴史を省みたときに、たった半世紀の間に、これほどまでに顕著な技術革新が行なわれ、世界がつながった時代は過去には存在しません。これから半世紀先を見つめた場合、私たちは何を目指すべきであるか、その指標をしっかりと定めることがもっとも大切な使命だと考えます。

マクロ的な視点からは、環境保全、エネルギー革新、食料の恒久的な確保、医療技術の発展、教育の充実など重要な課題が存在します。

一方、個に視点を置いた議論はあまりなされていません。宗教や哲学は、個人の自由裁量にゆだねるべきで、倫理・道徳は押しつけるものではないという考え方が一般的です。しかし、個の自由を認めて、よりよい社会の構築を目指すには、個々が精神的に成長する必要があるのではないでしょうか。今の日本は、個の権利ばかりを主張して、本来あるべき姿から遠のいているように思えます。ひとりの大人としての言動ができるようにこころを磨いていきたいですね。

◇第2章のまとめ◇

ブータン人の幸せの秘密は、その考え方にあることがわかりました。その考え方こそ、仏教に根ざした「知足」、すなわち「足るを知る」ことです。また、仏教では、精神的な個の成長を「智慧を獲得する」といいます。「智慧を獲得する」とは、具体的には、個の幸福と社会の幸福の両立を目指すということです。

自我とは個性であり、多様性を原則とする生物の本質でもあります。その本性の中で、怒りや嫉妬の根っこを根絶しようとするこころの鍛錬が智慧を獲得するもっとも大事な課題であり、幸せへの重要なステップでもあります。

実際には、私たち個々が完全に自我を制御するには一生の時間でも足りないでしょう。しかし、そうした方向感覚を持って生きていくことはできると考えます。

幸せは、人から与えてもらうものではなく、また奪い取るものでもありません。幸せは、自分の内にそれを感じるこころを育むものです。ただ、それに気づくためには、こころを鍛錬しなければならないのです。

コラム 1

「メディポリス指宿」のブータン政府観光局

2010年4月、私は駐日ブータン王国名誉領事（管轄区域：九州・沖縄）を拝命しました。同時に、ブータン政府の承認を受け、私が理事長を兼務する「財団法人メディポリス医学研究財団」が中心となって構築を進めている医療・健康都市「メディポリス指宿」（鹿児島県指宿市）の宿泊施設「天珠の館」の施設内に、ブータン政府観光局を開設しました。

ブータン政府観光局では、ブータンの名所・見どころや国民の日常生活の姿などをパネル展示で紹介したり、ブータン本国の政府観光局（TCB：Tourism Council of Bhutan）が作成した観光ガイドを配布したりしています。

ブータン王国は、20世紀の後半まで鎖国に近い対外政策を維持していました。外国人観光客の受け入れを開始したのは1974年のことで、観光を産業として立ち上げたのは比較的最近です。受け入れ開始当時の外国人観光客の数は、年間300人ほどでしたが、2008年には約

2万8000人まで増加しました。英語が日常的に用いられる国柄なので、欧米からブータンを訪れる人が多いです。そんな中、2008年の外国人観光客の約1割を日本人が占めており、ブータン渡航者の上位に名を連ねています。観光産業は、電力産業（水力発電）に次ぐ市場規模を有しており、ブータンの基幹産業のひとつといってもよいかもしれません。とはいえ、いたずらに観光客を増やして歳入を増やせばよいというわけではありません。

ブータン王国では、外国人観光客の受け入れについて政府が一定のルールを設けており、観光費用についても政府が定める公定料金制度が導入されています。環境保全や文化財保護のため、南部や東部などでは行政区画（日本でいう道府県）全域もしくは一部が観光目的での外国人の立ち入りが規制されていますし、その他のエリアでも、自国民の信仰の対象となっている寺院などの仏教施設は原則として立ち入りが禁止されています。つまり、観光産業の振興と自国の環境保全、文化財保護、治安維持などとのバランスがとれた政策展開が実践されているのです。

鹿児島にお越しの際は、ぜひ「メディポリス指宿」に設けられたブータン政府観光局にお立ち寄りいただき、ひとりでも多くの方がブータン王国に関心を持たれ、「ヒマラヤのシャングリラ(桃源郷)」と呼ばれるブータン王国を訪れるきっかけをつくることができれば、これに勝る喜びはありません。

第3章

こころをコントロールするスピリチュアルケア

スピリチュアルケアを知る

「スピリチュアル」は、1998年、WHO（世界保健機構）において、従来のフィジカル（身体）、メンタル（精神）、ソーシャル（社会）といった要素に加え、健康の定義修正議案に盛り込まれました。しかし、聞くところによりますと、決議はいくつかの宗教的な派閥問題が絡んで複雑化したためにいまだに保留されているそうです。

スピリチュアルとは、人間の顕在的な部分（身体、精神）のほかに潜在的に存在するものと考えられています。人格そのものを支配しているものといってもよいでしょう。また、瞑想を通して触れることが可能だともいわれています。

「スピリチュアルケア」とは、深層心理に存在する不安や恐怖をやわらげることで、こころの苦痛を緩和することを目的として行なわれる治療です。人間のスピリチュアルは、こころよりも上位にあるといわれており、スピリチュアルケアによってこころの状態を変えることができるそうです。

スピリチュアルは、日本では一般的にいわれる「気」と考えてもよいのではないか、と私は個人的に考えます。自分（私）という定義は、生命の根源である霊魂（スピリット）

が仮に肉体とこころに宿っていると考えます。これは仏教的な思想につながります。「心身統一法」を提唱した思想家の中村天風氏は、霊魂が自分であるのだから、身体やこころ（精神）は自分（霊魂）によって支配されているので、自分があくまでも気高く、高貴な理想を持って生きていけば、理想は宇宙の真理によって必ず実現すると言及しています。

人間は、社会に貢献することを生きる目的として、常に積極的に行動することで理想に近づき、周囲の人々のスピリチュアルとシンクロナイズして進化していくという仮説です。私もこれまでに経験したいくつもの不思議な事象をもとに、この仮説には賛同しています。

“気”によるこころのコントロール

私たちは本能中心の生活を送りがちです。次元の低い欲望や感情がいつもわいてきます。日常生活において、怒りやむさぼり、ねたみ、劣等感や卑屈感が潜在意識からふつふつと出てきます。このような消極的で暗い邪心が出てきたとき、皆さんはどのように処理しておられますか。

そのままにしておくと、こころの中で邪心は大きく成長していき、こころをむしばんでいきます。人生を幸せに過ごすために、このような暗い消極的観念が少しでも芽を出そうとしたときには、すぐに打ち消したいものです。

自分を客観的に見る、もうひとりの自分を常に背後において自分を監視していると考えると、自分が怒りそうになったとき、劣等感が出そうになったときに、すぐに警戒警報を出してくれます。そうすると「怒っているぞ」、「ねたんでいるぞ」、「後悔しているぞ」、など、もうひとりの自分の声が内側から聞こえてくるのです。いい換えると、「自分でつぶやく」のです。

瞑想を日ごろから習慣づけておくと、自分の潜在意識にあるスピリチュアルと交信する回路が出来上がるようになります。そうなると内なる生命の声がとても鮮明に聞こえてきます。潜在意識にあるネガティヴな観念を大掃除して、積極的な観念を養成します。そして、いつも楽しいこと、きれいなこと、秩序あることを想像して、何ごともプラス思考に結びつける「気」を保つ習慣を身につけることで、自分をコントロールしやすくなると思います。

神経の興奮は生命維持に必要

生物学の視点から考えると、人類を含む哺乳類は適切にリスク回避ができてきたからこそ、今の時代に存在しているのだと思います。突然、敵に襲撃されたときには、瞬発的に脳内興奮を起こす生体内物質であるカテコールアミンが分泌され、交感神経が興奮します。その結果、防御行動あるいは反撃行動を取ることができ、それによって人間は生き延びてきたのです。もし、危機的状況に適切に対応できなければ、自分だけでなく家族や仲間の死も招いてしまいます。こうした厳しい環境を乗り超えて、人類は世代を重ねてきているのです。

人間だけでなくすべての哺乳類は、脳内にカテコールアミンが分泌されると興奮します。手や足の裏には汗をかき、瞳孔は開き、血圧は上昇し、機敏な筋肉収縮が可能になります。これは自然な生体反応です。このように脳の活動が活発になると感情的にも興奮して、怒りの気持ちがわき上がります。この反応がすばやい人ほど防御反応がすぐれているといえるでしょう。

しかし、現代社会においては、必ずしも「怒り」は適切な反応ではないでしょう。「怒る」自分に気づいたら、自分はなぜ怒っているのか、と客観的に考えてみると冷静になれるものです。人間は、とてもうまくできていて、興奮する神経経路のほかに、冷静になれる副交感神経という経路を備えています。脳から指令を出して、両方をバランスよく調整することができます。本来ならば、「怒る」必要がないのに感情が優位になってしまい、失敗してしまうこともありますから、こういうときは冷静に対応したいものです。

神経の興奮は怒りに通じる

今日、あなたは怒りましたか?

人間は、精神活動によって生きているといってもよいでしょう。この精神活動は、医学的には、脳の興奮であると先述しました。五感（視覚、聴覚、嗅覚、味覚、触覚）を通して、外部から刺激が入り、それに対して生体は反応します。他方、私たちは無意識に呼吸をしています。意図的に息を止めると数分以内に呼吸をせよ、という指令が脳から出てきます。そして、息をせずにはいられなくなります。これも神経細胞の興奮の結果です。

神経の興奮は精神的な怒りにつながることがあります。ただ、自分が怒っているという自覚がないから、その怒りをコントロールできないのです。考えてみてください。自分が思うようにいかない、自分の考えとは違う、それだけで気がつかないうちに怒っていることがありませんか。他人に指図されると嫌な気分になりますし、強制されると反抗したくなります。

自分に敵意を向ける存在に対しては徹底的に報復しようとします。人に馬鹿にされて傷つけられるとうらみます。過去の出来事に対して、いつまでも後悔します。その結果、怒りが込み上げてきてしまいます。誰かが自分よりも勝っていると思うと嫉妬という怒りの気持ちが生まれます。負けたくない、自分のほうが優位なのだ、という競争心が出てきます。逆に自分よりも劣っていると判断すると軽視したり、軽蔑したりします。せっかく手に入れた自分のものは誰にも渡したくない、大事に所有したい、独り占めしたくなります。ときに、本当に気に入らないこと、許せないことがあると激怒して、怒りを抑えきれずに殴りたい、さらには殺してしまいたい、という段階までエスカレートしてしまいます。

こういう人間が集まって暮らしているのが社会です。私は、人間社会で適切に生きる上でもっとも大事なことは、「自分のこころの現状を常に知ること」だと思います。こころの中に芽生える怒りをすぐにキャッチできれば、自分が怒っているということがわかりますから、怒りの感情をコントロールすることもできるようになります。これを「ヴィッパサーナ」といい、インドの瞑想法のひとつでもあります。「あっ、今、私は怒っている」と自覚するのです。客観的に自分を見つめる訓練をするのです。それだけで、感情を制御しやすくなります。スリランカの高僧アルボムッレ・スマナサーラ氏は、怒ることの無意味さを著書『怒らないこと』（サンガ新書）の中で見事に説明されています。

怒りを生む原因

人間は、感情によって支配されているといっても過言ではないでしょう。自分の気持ち次第で、その日を幸せに送れるかが決まるのです。楽しくてうれしい気持ち、そして静かで安心感に満ち足りていれば、私たちは幸せだと感じます。しかし、そう感じられないときには、どうでしょうか。きっと何か原因があるはずです。

今、あなたは、誰かに反抗していませんか。他人からあれこれといわれると、それを受け入れるのを拒み、拒絶反応が出ます。人から強制されるのは嫌なものです。

誰かに嫉妬していませんか。他人を認めたくない、自分こそがすぐれているのだ、という気持ちが人間にはあります。

誰かに怒っていませんか。自分の気に入らないことを誰かにされてしまうと、その人を殴りたい、殺したいという気持ちがわいてきます。

誰かをうらんでいませんか。人をうらむようなことがあると、長期にわたって幸せから遠ざかってしまいます。

何かを後悔していませんか。あのときにこうしていればよかった、などと思っていると、自分の失敗や過ちを受け入れて反省することができず、いつまでも悔やんでしまいます。

さて、どれか、思い当たるところはありませんでしたか。いずれも人間であればあらわれる感情ですから、いくつか該当しても不思議ではありません。むしろ、そのほうが人間的でしょう。

ただ、それは自分自身が持つマイナスの気持ちによって、自分で自分を不幸にしているのだ、ということに気づいてください。人の幸せは、自分が楽しい、うれしい、安心している、解放されている、という気持ちを持てることが基本です。それを妨げるような気持ちを持つことによって人は不幸になります。

もちろん、原因となる事実があるのはわかります。しかし、それは成長するために天が与えてくださった智慧の試練と考えてみてください。まさに成長する絶好の機会なのです。試練をクリアして成長できるか否かを、私たちは試されているのです。

気に入らないことがあると、誰でも不愉快になります。多くの場合は、「不愉快」の感情で止まると思いますが、ときに、限界を超えて爆発してしまうこともあります。最近では、これを「キレる」というようです。

発奮して勉強や仕事に打ち込むためにプラスエネルギーを得たり、子供のしつけや教育指導のために「愛の気合い」を入れたりすることは、誰でもよくあることです。しかし、一時的な感情の興奮による「怒り」は、あまり生産的ではありません。度が過ぎると後にうらみを残してしまいます。教育レベルの高い人でもよく怒る人はいます。その中には、とてもりっぱな業績を残している人も大勢います。でも、人として人格的に尊敬される人は、いつも平静で穏やかに見える人です。

こころの成熟した大人を目指すには、日ごろからこころを鍛錬する必要があると思います。何か、気に障ることがあったら、こころの中でつぶやきましょう。

怒らない、怒らない、怒らない

落ち着いて、落ち着いて、落ち着いて

それから、ゆっくりと深呼吸を3回してみてください。これは、どんなときでも気持ちを落ち着かせる効果があります。

"我"を知ろう

皆さんは、自分のことをどのくらい知っていますか。自分のことは自分が誰よりもよく知っていると思うでしょう。

あなたが「自分」という存在に気づいたのは何歳のころでしょうか。幼稚園に通っていたころの記憶をたどると、そのころには「自分」の存在を自覚していた記憶があるでしょう。同時に「他人」という存在も意識するようになったはずです。

ここで「我」を客観的に見つめてみると、あることに気づくと思います。そこには、我欲に執着して快楽を求める自分がいませんか。そして、幸せを願いつつも、こころの底には憎悪感や怨念という怒りが存在している自分を見つけるはずです。それは自分に対するもの、他人に対するもの、過去の失敗や後悔に起因するもの、嫉妬やあきらめに起因するもの、などなど、たくさんあるでしょう。

幸せでありたい、と真に願う「我」がありながら、実は幸せを壊すような思いが同時に存在しているのです。本当に矛盾しています。生きるということは、この矛盾の中で自我と向き合うことなのでしょう。

ゆえに、こころにネガティヴな発想が出てきたら、すぐに打ち消していくことが必要となります。この習慣がつくと、こころの中の矛盾が小さくなるので、気分は楽になっていくでしょう。負のエネルギーの渦に引きずり込まれないように注意してください。一度引きずり込まれると、そこから這い出てくるにはたいへんなエネルギーが必要だからです。

今、自分が何を求めているのか、どのようになりたいのか、何をしたいのか、自分の言葉でいえますか。過去の自分から見た場合、現在の自分がどうなっているのか、考えてみてください。

過去に思っていた自分と現在の自分が大きく違っていたとしたら、それはなぜだと思いますか。過去に思った自分がいて、今の自分があり、今の自分がいて、明日の自分につながります。同時に、他人から見られている自分もいます。未来の自分の像は、時間を機軸に考えて、今の自分の成長を連続させていき、将来どのようになりたいのか、強くこころに思い描くことで実現します。

要するに、今の自分を刻々と積み上げていくことでしか未来の自分につなげることはできないということです。「今に生きる」ということは、連続する未来に生きることでもあるのです。過去に思い描いていた自分に、今なれていないならば、それは誰のせいでもありません。原因は自分にあることに気づいてください。

逆境下で味わう苦難を自己成長できる絶好のチャンスと考えることができれば、それは智慧の試練となり得ます。苦難に耐えて自己の成長を勝ち取ることに集中してみてください。自己を知るとは、今の自己を認識して、未来の自分像をはっきりとこころに描くことからはじめるとうまくいくと思います。

自然を受け入れよう

晴天の日は、光あふれる日差しを浴びながら太陽に感謝します。雨の日は、生命の泉をもたらしてくれることに感謝します。雪の日は、美しい銀世界を楽しみます。雷の日は、凄まじい光と音の協奏曲を鑑賞します。

こう考えると、どんな天気であっても、その日を楽しく過ごせます。雨が降ると憂鬱になるかもしれません。暑い日は太陽がうっとうしく感じるかもしれません。寒い日は雪が降らなければいいのにと考えるかもしれません。しかし、いずれも人間にはどうしようもできないことです。

自然との共存は、人間の遺伝子が生命体の設計情報として、これまで何世代も伝達され、長い歴史の中で培われてきました。私たちは自然の中で生かされているのです。ですから、自然をそのまま受け入れて、感謝することが賢い生き方だと思います。

私たちの社会には、多くの人工物があふれています。人間は、自分たちの生活をよくするために自然を壊してきました。一方で、長らく自然の脅威にさらされてきました。人間と自然の関係は、相反するようで、どこか融合しているように思えます。

アメリカ大陸を横断すると、広大な大陸（自然）に、大小の都市や街がつくられ、道路が縦横に張りめぐらされ、さまざまな建造物が立ち並ぶ中を多く車が走っています。すべて人間が考えて、つくり出したものです。

人間は本能的に自然との共生を受け入れていると思います。自然に生かされ、生きていることを再度認識して、自分たちの生き方が正しいのか、それを考えてみるのも必要なことだと思います。

前向きな人には光がある

思うようにならないのが人生です。いろいろな問題が日々起こるものです。しかし、いずれも時間が経てばどうにかなるもので、それほど悲観的になることはないと思います。ときに、今まで体験したことのない大きな苦難の波が打ち寄せてくることもあるでしょう。そんなとき、はたして乗り超えられるのだろうか、という不安がよぎってしまいます。こころの中を不安が占有してしまうと、すべてが悪い方向に向かうと思いこんでしまいます。

組織のリーダーがネガティヴな思考に陥ると、組織全体に伝染してしまいます。そうなると組織は崩壊の方向に進んでしまいます。重要なのは、「いかなるときも悲観的な言葉を発せず、常に前向きの思考に集中する」ことでしょう。

明日何が起こるかは誰にもわかりません。今日の事実がもとになって明日がやってくるのが現実です。だからこそ、目の前の事実に対して、全神経を集中して、その原因や背景、将来におよぼす影響を予測して、次の行動予定を目標として立てて実践することで、こころの不安を打ち消せると思います。

このような前向きなこころは、周囲に光をともします。それは、人々の団結をうながし、和のこころを形成して、目標達成の意義を理解させます。これこそ、人間が生きる上で重要なこころの持ち方だと考えます。

人には個性があり、そのときどきの体調や感情によっていろいろな気分になります。しかし、どのような状況にあっても前向きな人は、周囲に元気を与えます。裏づけのない前向きさではなく、しっかりとした根拠と経験に基づく助言や提案は、人々に智慧を与えます。それは、そのまま光となって輝きます。


慎重になることを否定しているわけではありません。ものごとを進めるには、自分が考えた戦略を自己否定しつつ、そこに潜む穴を探すことも大事なことです。詰めの甘い部分や考えが浅いと気づいたときには、再度、戦略を立て直す勇気も必要です。悲観的な思考を取り入れた楽観主義、というバランスが大事でしょう。

本物のプラス思考の持ち主は、失敗の原因を自分の中にしっかりと追究して次に生かすことができる人、そして、どん底にあっても周囲に光をともし続けることができる人物でしょう。

言葉は想念をあらわすひとつの手段

人間は、まず言葉で考えて、それから行動に移します。言葉にできない自分の思いを他人に伝達することは難しいものです。言葉は思考の概念（想念）を示す重要な手段であり、想念を言葉でいかに正確に表現できるかがコミュニケーションでは重要となります。つまり、適切な言葉を用いることが、意志の伝達には欠かせないということです。

多くの時間を用いて、たくさんの言葉を使い、一生懸命に話すことが、必ずしも自分の想念を相手に正確に伝えることではありません。むしろ、適切な言葉を適切に使い、適切な時期に相手に自分の意思を伝えることを日ごろから訓練することが「伝達の達人」になる近道です。

コミュニケーションスキルを磨くことは、こうした鍛錬を積み重ねることです。たったひとつの言葉が、とても重くとらえられることがあります。ひと言で人のこころをぐさりと傷つけたりすることもあります。逆に、ひと言が人を救うこともあります。

多くの言葉がまったく意味をなさずに、聞き流されることもあります。どの言葉をいつ使うか、どのようなタイミングが適切か、相手の反応はどうなるのか、など、言葉を選んで話すことが自分のことを理解してもらうにはとても大切です。

自分のことをわかってくれない相手が悪いのではなく、自分のことをわかるように話せない自分が悪いのだ、と自覚することで、コミュニケーションスキルを高めていくことができるのだと思います。

人の悪口や批判する言葉を聞くと暗くなります。どうせなら聞かないほうがいいと思うでしょう。確かに、社会問題に注目して危機感を持つということは大事です。しかし、批判的事実を述べるだけではなく、どうしたらそれを改善できるのか、自分はどのように実践しているのか、そのような議論や解決法の提示がないと、ただの暗い話になってしまいます。私は、周囲の人に常に前向きの言葉を発することで、自分自身もエネルギーを分かち合うことができると思います。過去の不運は水に流して忘れ去る、そしてこだわりを持たない、明日の栄光に向かって前進できるしなやかで強いこころを持つことで、明るい言葉を発することができるようになります。

反骨心によるモチベーションは苦を生む

負けず嫌い、リベンジ、執念などに発端したモチベーション、いわゆる反骨心をエネルギー源としている人も大勢います。どんなに苦しくても、ライバルを意識したり、過去の敗北や失敗の悔しさをバネにしてがんばる姿は、一見、すばらしいと思えます。特にスポーツ選手には、こうしたケースが多いでしょう。本人は本懐《ほんかい》を遂げることで大きな達成感を感じると信じているのでしょう。

他人と競争することは、日常的によくあることです。しかし、競争とは相手との関係であって相対的であり、自分のこころの中では勝ち負けだけにこだわり、しきりに他人のことが気になってしまいます。そこに不安や悩みが生じてしまい、こころ穏やかでいることはできません。結局は、集中力が弱まって負けてしまいます。これが「自分に負ける」ということです。

一流のスポーツマンは、自分を絶対的なものと信じて厳しい鍛錬を日々続けています。スランプがあっても、何とか自力で立ち直ることができます。シアトルマリナーズのイチロー選手の記事を読んだことがあります。彼は、ライバルを意識することなく、冷静に自分自身をしっかりと見つめて、自己を完全に制御するそうです。だからこそ、前人未到のすばらしい記録を打ち出せるのでしょう。

仕事でも、勉強でも同じです。順位にこだわり、他人との競争を意識するのはあまり価値が高いとは思えません。仕事では成果を出すことが絶対的に求められます。しかし、その中心に競争心が存在するのであれば、それを抑えてください。あくまでも自分のために、そして組織のために、社会のために、自分が望んで行動することが大事なのです。

自分を信じて全力を尽くすこころ構えがあれば、何ごとにも動じない強い気を養成できます。こころを乱すようなことを仕掛けられても、毅然として平静を保ち、怒らず、恐れず、悲しまず、正直で、愉快に、勇気と信念を持つことができるのです。

こうしたこころの状態が、絶対的なこころ構えができている状態です。誰かに気に障ることをいわれたとしても、平静を保つことをこころがけます。すぐにはできなくても、いつかはできる、と自分を信じて、常に前向きに、揺るぎない積極性を持ってください。自分は、すべての人をこころから愛せる人間だと、ただただ思い続けること、これが絶対的なこころを持つ秘訣です。

感謝の言葉を欲しがらない

電車の中でお年寄りや妊婦さんに席を譲る人、自然災害の被災地に出向いてボランティア活動をしている人、そういう人たちには、本当に頭が下がります。その行為は、善意にもとづいており、すばらしいと思います。「ありがとう」のひと言は、それまでの苦労を吹き飛ばすポジティヴなエネルギーに満ちあふれています。そのひと言に接したいために日夜がんばっている人が少なからずいるのも事実でしょう。

もし、善意の行為が相手にとって当たり前、当然でしょう、あるいは余計なことと受け止められたら、どうしますか。もちろん感謝の言葉はないし、期待していた賞賛もない。すると、裏切られてしまったような気分になります。一生懸命に誠意をもって努力したのに、このような対応をされると怒りが込み上げてくるかもしれません。

このように期待と現実とのギャップが大きいほど落胆も大きいものです。それではどうしたらよいのでしょうか。私は、最初から感謝を期待しなければよいと思います。お礼や賞賛など、期待していないのですから、それらがなくてもがっかりしません。当然のことをしただけと思っていれば何も感じません。淡々と当たり前のことをしていると考えて実行すればよいのです。

お礼をいわれ、賞賛があれば、それは思いもかけないこととして喜んで受け入れればよいのです。賞賛がないとモチベーションが上がらない、善を行なえない、というのであれば、無理をして行動しなければよいだけの話です。上手に生きる、幸せに生きるには、こういう考え方が参考になると思います。

「内観」のすすめ

熊本県玉名市に蓮華院誕生寺という真言律宗のお寺があります。住職の川原英照貫主は、寺を訪れる人たちに「内観」をすすめています。その手法を簡単に説明しますと、自分がお世話になった人々の恩について深く考え、自分がその人たちに何をしてあげたかをさらに深く考えていきます。多くの人が自分の両親や恩師について一日をかけて内観します。そこで気づくのが、どれだけ自分が周囲の人々のお世話になったのか、そして、自分はその人たちにほとんど恩返しができていない、という事実です。

お寺には、詩が刻まれた石碑が並んでいます。そこに、ある聴覚障害を持つ中学生の詩が刻まれていました。その内容は、「自分が聴覚障害を持つことで両親がとても悲しみ、たいへんな苦労をしている姿を見てきました。その姿に深い愛情を感じ、そして、自分が聴覚障害を持つゆえに親の愛情を知ることができました。だから、自分は聴覚障害を持ったことに感謝しています」というものです。

大人でもこのような深い感謝と愛情に基づく詩は書けないでしょう。同じく聴覚障害と視覚障害を持って生まれたヘレン・ケラーの言葉に、「信念を正しく理解することができれば、それが消極的な性質のものではなく、積極的な性質のものであることがわかるはずです。積極的な信念は、恐れを知りません。絶望することを許しません。こころが信念で強化されれば、どんなに弱い者でも不幸や災難を乗り超えることができるのです」というものがあります。

現状に対する不平や不満などの消極的な観念を持たず、地道な行動に支えられた信念を持つことでこころは鍛錬されていきます。

理性の隙間に注意する

私は、理性ではこころを完全に制御できないと考えます。どんなすばらしい学歴でりっぱな職業についている人でも、人間である限りその理性には隙間があります。その理性の隙間に悪魔のささやきが届くとき、理性は失われていきます。

私たちは、誰でもこころに不安や恐怖、あるいは悩みや悲しみを秘めているものです。仕事がたまってきたり、対人関係で問題が生じたりすると強いストレスを感じます。これは、人間であるがゆえの「智慧の試練」ではあるものの、ストレスが蓄積されて自分で消化できないレベルになってくるとしだいにこころが疲弊してきます。

信念を持っているつもりでも、こころが疲れてくると、しだいに意欲が減退し、「やる気」が失せてきます。信念が揺らいでくるのです。眠れなくなり、食欲は減退します。好きだった趣味やスポーツにも興味がなくなります。こういったときに理性の隙間に魔性が入り込んでしまうものです。これは危険信号です。

このような危険信号は、自分ではなかなかキャッチできず、周囲から指摘されてはじめて気づくことが多くあります。特に、真面目で責任感の強い人ほど、ものごとを真剣にとらえて多くのことをかかえてしまいがちです。そういう性格だからこそ、こころが疲弊してしまうのです。仕事がうまくできないことがとてもつらくてたまらなくなります。こういうときに、私が一番に推薦するのが、大自然の中にゆったりと身を置くことです。何も考えずに、ただゆっくりと自然と同化してください。田舎で農家の手伝いをすると、とても気持ちがよくなります。そのうちに元気を取り戻してきます。時間をかけてゆっくりとこころを回復させるのが一番の早道です。

笑顔のパワー

疲れたときや眠いときには、笑顔が消えます。嫌なことがあったとき、忙しいと思うとき、笑顔は遠ざかります。当然、このようなときに人と会うと、顔色をうかがわれることになるでしょう。そして、会う時期がよくなかったな、今日は会わないほうがよかったな、と思います。

面談や交渉を効果的に行なうには、相手とのこころの調和を目指すことが大切です。そのためには、相手がこころを開いてくれることが前提となります。その重要な鍵が「笑顔」なのです。

面談や交渉では、笑顔を自然につくり、相手の話をよく聞いて、相槌を打ち、適切な質問を合間に入れてあげると好印象を与えることができます。逆に忙しそうにしたり、頻繁に時計を見たり、不機嫌な顔をしたり、自分のことを一方的に話し続けたりすることは禁物です。

自分にとって何が大切かを考え、重要なポイントだけを話せばよいのです。余計なことを話すのはおろかなことだと認識しましょう。

言葉は波動エネルギーを持ち、周囲に活力と勇気をもたらします。同様に、微笑みにも光エネルギーがあり、周囲の人々に慈悲心を与えます。

皆さんは、自分の微笑んだ顔を見たことがありますか。試しに鏡を見て微笑んでみてください。どのような微笑みを自分はもっとも好きか、いろいろと試してみると面白いです。唇を横に引き、目を細めながらも相手の目を見つめて、声に出さずに、こころの中で「私は、あなたの味方ですよ」とささやいてみましょう。微笑みの波動パワーが強力に相手に通じていきます。

エレベーターの中や廊下で知人と出会ったとき、出社したとき、会議に入るとき、訪問者と面談するとき、いろいろな場面で、最高の微笑みを見せてみましょう。微笑みの効果がどれほどのものであるか、試してみてください。微笑みは、意図的に訓練すれば、自然と浮かんでくるようになります。

こころの持ちようでいつでも休日のように安らぐ

ゆったりと大きく構えて、こころ静かに考え、平日であっても休日のような時間の流れを感じたいものです。しかし、現実には時間は自分を基準には動いてくれませんから、適切な間合いを取ることが必要とされます。せわしく動かなくても、適切な判断と行動はできます。

人がストレスを感じるのは、次のような場合があります。

1. 寒い、暑いなど、環境が整っていないときのストレス
2. 食事ができる状況にないとき。空腹のストレス
3. 睡眠の環境がよくない。睡眠不足のストレス
4. 騒音や臭気など、快適な空間が得られないときのストレス
5. すべきことがあり過ぎて、時間との戦いをしているときのストレス
6. 不愉快な人と一緒にいる、会いたい人と会えないストレス
7. 気に入らないことが起こってしまったときのストレス
8. 身体的に不都合がある、あるいは病気のストレス
9. 自分のしたいことができない、求めるものが手に入らないストレス

この他にも考えられるストレスはたくさんあると思います。私が伝えたいのは、今、自

分にとって、どういう事象がストレスになっているのか、それはどうしたら解決できるのか、という思考回路を設けるとよいということです。

理由もなくただストレスを感じているのではなく、自分自身のことを知り、それにどう対応するのか、そして、どうしたらよりよい自分を実現できるのか、前向きに考えることで、平日でも休日のような安らぎを維持できると思います。

◆第3章のまとめ◆

〝幸せの感じ方〟を工夫してみましょう。人は誰しも、他人からの禁止の表現に強い反応を示します。そういうときに、こころに怒りやうらみなどの感情がわいてきたら、まず自分のこころに変化があらわれたことを感じ取るのです。そして、「怒るな」、「うらむな」といったように感情を抑えるように努力してください。このようなときに、いつも自然に「とどめよう」というこころの働きがうまく機能するようになれば、「幸せを感じる」ステップ1は修了です。そのような状態にこころを高めることができたなら、次のステップとして、禁止の表現を使わないエクササイズ（ステップ2）に挑戦してみましょう。たとえばこんな風にです。

争わない　↓　手をさしのべる
怒らない　↓　笑顔で接する
うらまない　↓　祝福する

ネガティヴワードをポジティヴワードに工夫して変換することで、こころも行動も軽やかになり、相手は気持ちよくなります。そして、何よりもより身近に幸せを感じることができるようになると思います。

コラム 2

ブータンの言語事情

ブータン王国には、「谷ごとに言葉が違う」といわれるほど多様な言語が存在しています。

その中のいくつかの言語をひとりのブータン人が習得しているケースもめずらしくありません。1970年代までは、学校教育の場において学校ごとの裁量が大幅に認められていたため、隣国インドのヒンズー語や近隣のネパール語の教科書が使われることが多く、今でもヒンズー語やネパール語はブータン国内でよく通じます。

1971年、国民全体が共有する言語の存在こそが近代国家としてのアイデンティティーを確立する、という方針のもと、西ブータン地域で主に用いられていた「ゾンカ」がブータンの標準語、つまり国語として定められ、その整備・普及が図られてきました。

また、1980年代半ばには、「世界とつき合うためには英語を話すことが不可欠」との認識から、政府の意向で学校教育は英語の教科書を用いて、英語で行なわれるようになりました。

現在では、重要な公文書はゾンカ版・英語版の2種類が作成されています。国固有の伝統文化と国際化との妙なる調和が、言語政策においても色濃くうかがえます。

私は、「タシ デレ（Tashi Delek）」というゾンカ語が好きです。「タシ デレ」とは、チベットやブータンで用いられる挨拶です。それぞれの地域で、用いる場面に微妙な差があるようで、チベットでは、出会いのときの「こんにちは」、「はじめまして」などの意味を込めて。また、ブータンではお祝いの意図をあらわすときに「おめでとう」、「乾杯」などの意味をこめて使われているようです。

あえて日本語に直訳するとすれば、「よいことがありますように」、「幸いあれ」といったところでしょうか。とてもすてきな言葉ですね。相手を元気にする言葉、周囲に光をもたらす言葉を常に口にしていたいものです。

第4章

幸せを感じるエクササイズ

調息《ちょうそく》を試そう

こころの持ち方ひとつで、さまざまな場面で幸せを感じることができます。

本章では、幸せを感じられるこころを持つために、いろいろな考え方をご紹介したいと思います。その中には、「ちょっとできそうもない」、「そんなうまくはいかないだろう」と思われる方もおられるでしょう。そんなときには、無理に深く考えずに、そこは飛ばして次を読んでください。

本書の目的は、「幸せを育むこと」ですから、好きなところ、自分に合うところだけを実践されたらよいと思います。

さっそく、この章の最初に「調息」をご紹介します。調息とは、呼吸を整えることです。仕事が立て込んで、悩みや不安がこころの中に生じると、悪い「気」が体内に充満してしまいます。このようなときには、調息が有効です。調息は、姿勢とこころの持ち方が鍵となります。

まずは、椅子に座って姿勢を正しましょう。自分の脊柱をまっすぐにします。おへそを少し前につき出すような感じで、骨盤の上に腰椎をまっすぐに乗せます。それから胸椎、頸椎と順次、整えていきます。頭頂からまっすぐ天に1本の糸を伸ばしてください。このとき、腰と肩の筋肉が緊張しているので力を抜いて筋肉をゆるめます。寝たきりの患者さんもベッドの中で同じような姿勢をとってみてください。

次に、お腹の力を抜いて、肩を落としてください。左手の甲を下にして、右の手のひらを上に添えます。親指の先をつけて、おへその下10㎝あたりに置きます。両目は、半分閉じてください。半眼《はんがん》が難しければ、最初はすべて目を閉じても構いません。そして、「満月の中に自分が座っている姿」を想像して描いてください。美しく光り輝く、大きな月と自分の姿をこころで感じるのです。

そして、腹式呼吸をゆっくりとします。まず、息をしっかりと吐いてください。次にお腹を前にふくらませながら息を鼻からゆっくりと吸います。きれいな酸素とよい「気」を身体いっぱいに取り込むという気持ちが大事です。

今度は、お腹をへこませながら、息を口からゆっくりと吐きます。口は小さく開いてください。息を吐くときには、自分の悪い「気」をすべて吐き出すという気持ちになってください。息を吐き出すと同時に、「あ～」と声を出すとよいです。これらを数回繰り返してください。もし、人前でしたら、声が出しづらいと思います。そのときには、こころの中で声を出してください。

静かに調息を繰り返しましょう。たった1分程度でもじゅうぶん効果があります。毎日、調息を行なう習慣をつけると、不思議なくらいこころが安らぎます。これは、瞑想法のひとつで、「阿字観《あじかん》」といいます。自分の姿を想像するのは、私が考えた応用ですが、この姿を半分ずつ小さくしていくとしだいにこころが集中できます。飛行機の中で座って睡眠をとるときにもこの姿勢が一番楽に寝られます。

こころの平静は、日ごろの鍛錬によって得られる

誰しも平穏に暮らしたいと思うでしょう。しかし、現実は、自分の本意とは違うことばかりです。それに腹を立てて怒りの負のエネルギーを増大してしまいます。人間は、怒ると論理的な思考が停止して人格を崩壊させ、周囲の人や組織に大きな迷惑をかけてしまいます。

昔はヤカンを火にかけてお湯をわかしていたものですが、昭和40年代ごろから水道栓を開けると同時にガスに点火し、すぐにお湯を供給できる瞬間湯わかし器が普及してきました。当時、すぐに怒りやすい人を指して、「瞬間湯わかし器」というあだ名をつけたもの

でした。逆に、反応の鈍い人を、「蛍光灯」と呼んでいました。今と違って当時の蛍光灯は、スイッチを入れても点灯するまでに少し時間がかかったからです。どちらもよい表現ではありませんね。

経済成長の時代は、瞬間湯わかし器タイプが評価されていたように思います。しかし、本人やその周囲の人たちが本当に幸せだったのか、というと必ずしもそうではなかったようにも思えます。昔の蛍光灯タイプでは、今の世の中のスピードについていけないでしょう。でも、何となく愛着がわきます。理想は、瞬時に判断する智慧を持ちつつ、周囲の人に配慮できるこころの余裕を持って行動できることではないでしょうか。

それでは理想の自分になるにはどうしたらよいのでしょうか。それは、怒らないことだと私は思います。そのために、自分が怒る瞬間に気づくようになることが必要です。怒りそうになったときに、「自分の感情が高ぶっている」と客観的に自分を観察できるように訓練するのです。これは瞑想の求めるところでもあります。

たとえていうと、ベランダに出て外から部屋の内にいるもうひとりの自分を見る、こうしたこころの鍛錬を日ごろから行なうと、少しずつこころを平静に保つことができるようになります。

自分をベランダから見るとは、自分のこころの状況を客観的に見ることです。人間は、すぐに感情的になります。「貪瞋痴」ですね。むろん、人間も動物ですから自然な反応なのですが、大事な場面では感情を制御することが大切です。

第3章でも述べた瞑想法のひとつ、「ヴィッパサーナ法」は、静かに自分のこころと向き合う瞑想法です。瞑想をしている間でも、音が聞こえたり、匂いがしたり、どこかがかゆくなったり、あるいは、何かが思い浮かんだりします。そのときに、これらを客観的に認識して、○○が聞こえた、△△の匂いがした、××がかゆい、◇◇が思い浮かんだ、と自分が何かを感受したことに気づきを入れるのです。何かを受けた、と再認識するステップを設けるのです。これを「サティーを入れる」といいます。

大事な場面では、このサティーを応用すると感情を制御しやすくなります。人間は、「自分は怒っているぞ」と自分で認識すると怒りがおさまるものです。「あっ、自分は今、怒っているぞ」、「不満を感じたぞ」、「交渉相手の主張に反応しているぞ」と、自分のこころの反応にサティーを入れるのです。そうすることによって、感情のレベルが抑えられていくのが自分でわかります。

さらに、「自分の感情がサティーによって制御されている」と認識すれば、こころはかなり制御できるようになります。難しい方法ではありませんので、ぜひ、試してみてください。

品格は言葉にあらわれる

人が話すときに使う言葉を聞いていると、その人の考え方や深層心理にある思考があらわれてきます。言葉とは、もともと人のこころ、想念をあらわすものなのです。

たとえば、相手をだますつもりで、事実と違うことを意図的に話す、つまり嘘をつくとします。その場では、うまく嘘をつけたと思うでしょうが、話を続けているうちに、話の中で嘘が徐々に暴露されてくるものです。こころの中にある思考に対して、自分に都合がよいように話を持っていこうとしても、結局は、嘘が嘘を呼んで真実が暴露されてしまうのです。これが真理でしょう。

近年、「品格」について聞く機会が多くなってきています。国家の品格、企業の品格、家族（家柄）の品格、人の品格（人格）など、具体的な事例も含めて品格を高く維持することが社会的に求められるようになりました。

人間的に、より成長した社会を形成する過程において、品格にこだわることはとても大事なことだと思います。品格の高い国家や企業と評価されれば、そこの国民あるいは社員は、必然的に人格の高い人間として認められ、社会のリーダーとしてふさわしい人間になれるでしょう。

それでは、品格の高い人間となるにはどうしたらよいのでしょうか。私は、まず、口から発する言葉に気をつけるべきだと思います。同時に、潜在意識に潜むあらゆる想念が品格の高いものになるように、日ごろから目にするもの、耳にするものに注意して、品格を落とすような場面に遭遇することを拒否していくように自らを律することだと思います。テレビの番組にしても、映画にしても、つき合う友だちにしても、遊びに行く場所にしても、いずれもその品格が自分にふさわしく適正であるかを自ら判断して、適切に行動することが重要だと思います。


特に、子供のころはとても大切です。なぜならば、人間の脳は、ビデオカメラの記憶装置と同じように目にしたもの、耳にしたこと、体験したこと、を潜在意識の引出しの中にしまっておくからです。これらの潜在意識にある記憶は、いったん保管されてしまうと、よきにせよ悪しきにせよ、どこかで再生されて言葉や行動に移行する可能性があります。

潜在意識は、実際に自分が体験した記憶と、映画やゲームのようなバーチャル記憶であっても、それらに区別がないために、現実の世界との混同が起きてしまい、実際に行動に結びついて思いもかけない事件を引き起こしてしまうのです。柔軟で吸収性の高い子供の脳には、美しい記憶、正しい記憶、人生によい影響を与えるような記憶を残してあげたいものですね。

基本的には、個々の持つ考え方が一般の常識範囲にあるかどうかで判断されることになります。そのときの状況や環境、あるいは感情的な要素によって、ぶれてしまうのが人間です。

テレビや新聞では、頻繁に政治家の失言や暴言が取り上げられています。彼らも冷静な状況であれば、もっと適切な言葉を使うことができたのでしょう。そうできなかったことで揚げ足を取られてしまいます。経験豊かでりっぱな政治家であっても、うっかり失言をするのですから、一般人においてはなおさらでしょう。

だからこそ、言葉を発する源の想念を正しく律するように専念することが大切なのです。常に自分を見つめて、あるべき姿をこころに描き、自分らしく生きていけば失言をすることもあまりないでしょう。常に適切に行動するのは難しいと思われがちです。しかし、一つひとつの事柄、今この瞬間を大切にして、自分の一生を真剣に考えていけば、少しずつ実行できるようになると思います。

言葉は人を生かすこともあれば、殺すこともある

言葉は、単なる知識や情報を伝えるだけでなく、思いを相手に告げるときには、こころの奥深くの想念が言葉となります。言葉によって、受け取った相手は勇気づけられることもあれば、深く傷つくこともあります。ただ、言葉を発した本人は、相手がどのように感じたかはよくわからないでしょう。そうして、知らず知らずのうちに人を傷つけているのです。

ほめられることを嫌いな人はあまりいないでしょう。逆に非難されたり、反対されたりするとよい気分にはなりません。きっと、自分を非難した人を嫌うと思います。

人の悪口や批判をいいながら、不満を語り合い、すべきことをしないで時間を無駄に過ごしている風景を目にしたとき、皆さんはどう感じますか。周囲にいる人は誰も明るくはなれないと思います。人を非難し、不満ばかりいう人は、マイナスのエネルギーを発する人です。そういう人ほど、ほめられると有頂天になります。

マイナスエネルギーが充満している環境では疲れやすくなり、モチベーションが下がってしまいます。本当に迷惑です。不平や不満、愚痴は、話している本人にとっては、スト

レスを発散させるかもしれません。しかし、何も変えることはできません。現状の改善は期待できないのです。また、不思議なもので、人の悪口は誰かを通じて相手に伝わります。それも、実際よりも誇張されて伝わるものです。

口が滑って誰かの悪口をいってしまった場合には、すぐにそれを否定するよいことを話すようにしましょう。もし、不平や不満、愚痴をこぼしてしまったと気づいたら、すぐに前向きで、積極的な話に移りましょう。

大切なことは、相手の気持ちを思いやることです。たったひと言が相手のこころに強く響きます。感情に任せて発した言葉は、取り返しがつきません。思いもしないことを口にした、という話をよく聞きます。しかし、思ってもいないことを言葉として発することなどありません。想念が言葉になるのですから。

話をする場合、相手の立場を察して、相手が元気になるような言葉をかけてあげてください。そうすれば、相手もあなたに同じようにしてくれます。試しに、嫌いな人がいるならば、その人のよいところを探してみましょう。そして、そのよいところを他人に話してみましょう。きっと、次に会うときには、相手の自分を見る目が違ってくるでしょう。

コミュニケーションスキルを高める

コミュニケーションをもっとうまくとりたいと思うことはありますか。相手の気持ちと自分の気持ちとの間にギャップがあるときに特にそう思うのではないでしょうか。相手が何を考えているのかよくわからない、自分の考えていることが通じていない、自分が知らないことがある、など、このようなケースではコミュニケーションがうまくとれていないと感じるものです。特に職場において重要な情報が共有されていない場合、危機感を感じます。

一方、コミュニケーションがうまくいっているというのはどういうときでしょうか。お互いにこころを開いて何でも話ができる関係にあるときではないでしょうか。情報の伝達だけでなく、お互いにこころを開いて話ができる、こころが融和している、ということが重要でしょう。

重要なポイントは、直接会って話をすることだと思います。短時間でもいいから頻繁に目と目を合わせて話をすることです。そして、一番簡単なコミュニケーションが挨拶でしょう。これらの日常的な積み重ねがコミュニケーションの構築には不可欠です。

仮に「コミュニケーションがよくない」と感じているのであれば、相手にこころを開いていない自分の態度が根本的な原因かもしれません。人は、自分は正しい、悪いのは相手、と常に思うものです。しかし、お互いにそう思っていたのでは、いつまでもよい関係は構築できません。自分からこころの扉を開けてみませんか。

"ありがとう"を1日に何回いうか

昨日、何回「ありがとう」といいましたか。

感謝するという気持ちは、相手だけでなく、自分のこころも清らかにしてくれます。多くの人に感謝されて、自分もそのような機会を得たことに感謝すれば、その場の雰囲気はとても明るくなります。

たったひと言の「ありがとう」という言葉が、光を放つのです。感謝の気持ちを送るメッセージは、送るほうも、受け取るほうもどちらも幸せになる不思議な言葉です。お金はかかりませんし、労力もほとんどかかりませんが、その効果は計り知れないものがあるのです。

不平や不満をいっても現状は変わりません。むしろ、暗い影を感じます。しかし、感謝のメッセージは元気を生んでくれます。実際、多忙な日々が続いていると思います。そういう中にあってこそ、お互いに感謝するという気持ちを忘れずに、明るい世の中をつくっていくことが自分の幸せにもつながるのです。

あるべき姿を想う力

自分の職場や仕事、あるいは仕事の成果がこうあって欲しい、と願うことがあるでしょう。また、自分自身がこうなりたい、ああなりたい、こうしたい、これが欲しい、という願望もあるでしょう。これらをあるべき姿としてとらえて、ビジョン（理想像）をこころに想いうかべてみましょう。そして、現在の状況との乖離《かいり》（ギャップ）を考えてみることが成長の原点となります。

このままでいいや、別に自分がすることではないし、面倒くさい、誰かがするだろう、興味がない、無理だろう、という感情は、あるべき姿のビジョンが曖昧であるか、現状とのギャップの解決に価値観を感じていないことを意味します。

自己成長志向の高い人とそうでない人の差は、ビジョンを描く力、さらに価値観を持つ力によって決定づけられるといってもよいと思います。

自分がなりたいと願望する姿、将来の輝かしい姿、やりたいこと、手に入れたいもの、このような理想像を願う自分には、こころの根底に「欲」があります。この欲が行動の源泉となり、元気を生み出してくれます。そして、自分があるべき姿を想う力、実現する原動力となります。そのギャップが大きいほど問題の認識度は高くなり、問題を解決するハードルも高くなります。そして、未来の大きな成長も期待できます。

決して現状に満足せず、理想とする「あるべき姿」を力いっぱい想像してみてください。そして、それを実現するためにはどうしたらよいかを考えてください。そうすれば、自然に元気が出てきます。そして、行動力もわいてきます。人間は、欲を持つことが本当に大切なのです。

清らかな執着心を持つ

ものごとに執着すると、それをかなえるためには大きな努力が必要であり、苦難が伴います。しかし、執着心が自分の定めた目標であり、目標を達成することがとても大事なことだと、がんばれるものです。

困難が予想を超えて、とても大きいときに（多くの場合、そうなるものですが）、自分がかける労力と期待される成果を天秤にかけることがよくあります。自分にとって利益が少ない、努力のわりには報われるものがそれほど大きくない、と思ったら途中でやめてしまうでしょう。ときには、もうこの辺でいい、そんなことをしたって意味がない、無理は禁物、などと撤退する言い訳が浮かんできます。

そんなとき、自分はなぜこの目標を持ったのか、どうして達成したいと思ったのか、もし途中でやめてしまったらどうなるのか、という原点になる初心を思い起こすと、再びがんばれることもあります。

私は、目標に対する執着心が自己中心的（自分の利益が中心）であり、成果が金銭的報酬であるならば、途中脱落する可能性が高いと考えます。それは、自分の努力（苦労）と予想される成果（利益）を天秤にかけて、すぐに結論が出てしまうからです。たとえば、外国語を習得しよう、と勉強をはじめても、すぐにやめることが多いでしょう。それは、苦労を続けることと得られる利益のバランスがとれないと思えるからです。

目標が自分のためだけではなく、組織や社会と共有している場合、あるいはその目標を達成することによって多くの人々に役立つ場合、このような自己利益を超える公益性のある目標を持つと、それを達成しようとする執着心は、自己に限定される場合と比較して強く、そして絶対的な存在となります。

苦しいことがあっても、周囲の応援の声が聞こえてきます。そして、何よりも目標を達成したときの大きな感謝（賞賛）が期待できます。私は、「人は自己利益よりも、人々から認められる賞賛のために努力することを好む」と考えています。それは、清らかな執着心であり、自分も他人もない、人類は大いなる生命体が時間と空間を超越して共存している、という真理を私たちが本能的にわかっているからだと思います。

二人称の視点で考える

私は、二人称（相手）の視点でものごとを考えることは、とても大切なことだと思いますが、まずは自分のことを大切に考えることを推奨します。なぜなら、自分を大切にできない人が、他人や社会を大切に考えることができるとは思えないからです。自分の将来のこと、自分の家族のこと、自分が大切にしたいことを中心に、どうしたら、よりよい状況になるのか、何が必要なのか、どうしたいのか、どのようになりたいのかを、まず考えてみるのです。

将来の自分を想像してみてください。自分の未来のビジョンを描くということは、自分の夢をこころに描くことです。ビジョンが描けたら、それを文字や図で表現してみましょう。絶対に実現したい、という信念を持つことができるかどうかで、そのビジョンが現実としてこの世にあらわれるかどうかが決定します。信念を持てる目標が設定できたら、それをさらに具現化して、具体的な小さな目標に落とし込んで細分化します。

しかし、他人に迷惑をかけるような、自分だけがよければ他人はどうでもよいという考えは、いかがなものでしょうか。社会の中で生活しているのが人間です。社会に生かされているといってもよいと思います。自己中心的な思考が強い人は、自分の視点でしかものごとを考えられません。自分の思いが通らないことがあると、激しく他人や社会を批判する行動に変化します。そして、結局は、自分で自分に苦を引き寄せてしまうという結果を招きます。ここで二人称の視点を持つことが大切だということに気づくのです。

私は、人と話すときには、「相手が何を考えているのか」を洞察することが大事だと思います。自分のことばかり話していても相手のこころとの調和はできません。相手の立場で、「なぜ、このようなことを話すのか」、「なぜ、このように欲するのか」という視点を持ち合わせていると、相手も必ずその配慮に気づいてくれます。そして、相手もこころを開いてくれます。そうなるとこころの調和がうまく成立して、困難な状況も改善に向かうと思います。人間関係がうまくいかない、組織に溶け込めない、と不満をいっている人のほとんどは、自分中心にものごとを考える傾向が強い人です。そこに気づいて、自分の視野を広げてみると、自然に不満は解消されます。

スキルの高い人は、三人称にまで視点を広げることができます。社会の視点、人類共通の視点、このようなレベルの高い視点を持てる人には、多くの人が敬意を払うようになります。自分のことは他人が聞くまでいわない、相手の立場を思いやって話す、ここまで来ると多くの人から尊敬される人間になれると思います。

相手の立場を考える習慣を身につけると、コミュニケーションスキルを高めるだけでなく、社会において周囲から認められるようになります。それだけ、成長した大人の人間として認識されるからです。

自分を主張するだけではなく、周囲とのバランスを考えることによって、人間としての品格が形成されます。相手の視点も踏まえて、自己を主張することは、簡単なことではありません。少しでもできることからはじめてみませんか。

◆言葉や行動に自然にあらわれる誠心誠意◆

人と話していると、言葉のわずかな部分にその人の考え方や人柄を垣間見ることがあります。また、行動を見ていると、わずかな動きの中にその人のこころがあらわれてきます。本人は、そのように見られていることは気づかないでしょう。注意深く観察していると、手に取るようにわかるものです。

本意でないことを話したり、嫌なことをしたりしていると、それも自然と態度や口調にあらわれてしまいます。どこかでボロが出てしまうのです。誠心誠意尽くしていれば、うまく言葉や行動にあらわせなくても、少しずつ相手には通じるものです。なかなかうまく話せない、あるいはどうしてよいのかわからない、といったようなジレンマがあっても心配いりません。こころの世界では、言葉や行動を超えた不思議な力が存在しており、人間の浅はかな考えでは到底およばないパワーがあるのです。

皆さんにも「自分では一生懸命にがんばっているのに、上司や仲間から評価されない」、「もう、やる気が失せた」という経験があると思います。多くの場合、それぞれの主張に正当性があり、どちらに問題があるとはいえません。ただ、他人からは自分のこころの中まではっきりと見えないものであり、一生懸命に行動していることがなかなか通じないのです。

もうひとつ、周囲の要求レベルと自分がよいと思っているレベルに差異があると、その理解に食い違いが生じてしまいます。これを予防するためには、日ごろのコミュニケーションを充実させることが必要です。コミュニケーション不足は、送り手と受け手の双方の問題です。人間ですから、ときには集中力が途切れることもあります。

いつもはもっと丁寧にうまくできるのに、つい手を抜いてしまいたいと思うこともあります。いわゆる〝このくらい症候群〟が出てくるのです。偶然にもこういうときに、周囲の人がその行為を観察しています。不思議なものですね。〝内なる生命の声〟は、常に自分を見守ってくれています。こころを落ち着かせて、耳を澄ましてみると、聞こえるでしょう。自分がどう行動すべきか、すべきでないか、指針をちゃんと示してくれます。その声に従っていれば、何も恐れることはありません。

正しい選択は、自分が一番よくわかっているものです。すべきことを当然のごとく行なう、その成果を組織や仲間と共有する、その結果、ご褒美＝成果（賞賛）を手に入れる、これはとても明確な原則だと思います。

他人の悩みには深く介入しない

人間は生きている限り誰でも何かの悩みをかかえているものです。ときに他人の悩みの相談に乗ることもあると思います。その場合には、あくまでも「傾聴」「助言」というスタンスで距離を置いて対応したほうがよく、その悩みの本質に深入りすべきではないと思います。

自分の悩みを他人に打ち明けて相談に乗って欲しいと考えることもあるでしょう。自分の悩みは他人に聞いてもらいたいものです。しかし、この場合でも、相手に自分の悩みを解決して欲しいとは望まず、あくまでも「助言」や「支援」という程度に限定したほうがよいと思います。

なぜならば、「支援」を超える期待をすると、裏切られたときに大きな傷跡を残してしまうからです。また、相手は、「支援」以上のことを期待されることに負担を感じて、今後のつき合いがぎこちなくなる可能性も否定できません。

組織において目標を共有しているのであれば、「協力」あるいは、「協働」という形で目標を達成することが可能です。これは、結果に対して利害を共有していることになるからです。

今かかえている悩みは、時間が経てば自然と解決してしまうものも多くあると思います。あまり心配せずに、できることを少しずつ行なって、一日一歩だけ前進されたらいかがでしょうか。行動は、不安を打ち消し、成功へと導いてくれます。まずは、悩むよりも一歩を踏み出すことだと思います。

今日のこころの色は何色？

朝、目覚めたときに、今日も生かされていると感謝していますか。
多くの恵みを与えてくれる大地に感謝していますか。
温もりを与えてくれる太陽に感謝していますか。
渇きを潤してくれる雨に感謝していますか。
心地よく吹き抜ける風に感謝していますか。
自分を生んでくれた母親に感謝していますか。
自分を養ってくれた父親に感謝していますか。
一緒に泣いたり、喜んだり、悩んだり、笑ったりしてくれる友人や仲間に感謝していますか。

知識を与えてくれた教師や組織の上司に感謝していますか。

私たちは、たくさん、たくさんの支えによって生かされています。感謝する気持ちを表現することで、人はその気持ちにまた感謝します。感謝の輪を広げていけば、人は皆、幸せになるでしょう。手を合わせて、「ありがとう」という感謝の気持ちを言葉でいいあらわしてみましょう。きっと自分自身が気持ちよくなると思います。

ところで、私は、朝、自分で自分のこころの色の度合いを測っています。
濃い青色：ポジティヴ度がかなり高い（75％～１００％）
淡い青色：ポジティヴ度が高い（50％～75％）
淡い灰色：ポジティヴ度が低い（25％～50％）
濃い灰色：ポジティヴ度がかなり低い（０％～25％）
澄み切った深い青色の晴天の空は、ポジティヴ度が非常に高く、晴れた水色の空もポジティヴ度が高いです。逆に、雲が多くなる曇りの空は、ポジティヴ度が低くなります。今にも雨が降りそうな暗いグレイの雲が垂れ込んだ空は、ポジティヴ度がかなり低いです。

今の自分のこころをのぞいてみると、何色に見えますか。ポジティヴ度が50%以上だと、一日があっという間に過ぎるように感じると思います。集中力もじゅうぶん発揮できて、仕事が楽しいものです。

小さな不快でイライラしていたり、こころの余裕がなくなっていたり、ものごとを疑ってかかっていると、やる気が失せてポジティヴ度が低くなります。こころの色は、灰色になっているのです。

こういうときには、目の前にあるすべてのことが、自分にとって必要なことであり、すべて大事な自己成長の糧（智慧の試練）と考えてみてください。そして、一歩でもよいので前に進んでみてください。きっと、こころの色に変化が生じてくると思います。

こころは日々変化する

人間は、個々に自我意識（自分の気持ち）を持っています。そして、日々の経験や知識の蓄積によって気持ちが変わるように、こころも変化します。人間がものごとを判断するということは、変化するこころによって判断されることになり、理性によってなされる判断は、時間軸やそのときの条件で変わってしまうということです。

わかりやすくいうと、昨日の自分の判断と明日の判断は違ってくるかもしれない、ということです。「あのときは、あのように思って、それが最適であると判断した。しかし、今はこのように判断することがもっとも適切だ」と考えることがあるでしょう。

ですから、自分の判断であっても、不確実であり、不安定であり、必ずしも最適な判断をすることはできない、ということになります。では、どうすれば適切な判断を行なうことができるのでしょうか。

私の考えは、経験や知識、そして理性にのみ頼らずに、人間が持つ霊的な感覚によって、自分がどうすべきであるかを考えてみることをおすすめします。霊的な感覚とは、直感といってもよく、生命の根源となるべき大切な感覚です。自分を個体としてのひとりの人間ではなく、大自然の生命体の一部として、すべての人類と生命を共有している存在として自分をとらえるとき、この直感を研ぎ澄ますことができると考えます。

とかく人間は自分本位であり、他人を批判し、自分中心の世界に生きてしまいがちです。自分の思い通りにいかないと、原因はすべて他人のせいにして、不満や愚痴をいいます。このような状態が続くと、霊的な感覚に触れることが少なくなり、大事な感覚が鈍ってしまい、適切な判断ができなくなるのです。

自分本位による判断は、誤った結果を導いてしまい、自分の立場をもっと悪くしてしまいます。原因は外にはありません。すべての原因は自分の中にあります。

このような思考を持つことが霊的感覚を研ぎ澄ます最初の段階になります。この段階を踏むと、不思議な能力が少しずつ身についてくることに気づくでしょう。偶然が重なり合って思いもかけない人とのご縁をいただいたり、強く願ったことがかなったり、相手の考えていることがわかったり、自分の考えが相手に自然に伝わったりするようになります。これらは、人間であれば誰しもが持っている潜在能力であると私は考えています。

〝叱られる〟ことをどう受け止めるか

私たちの世代は、例外なく、親や教師から叱られて育ってきていると思います。昭和の時代と比べると、最近の教育現場では、子供を叱ることが少なくなっているようです。そして、近年、叱られた経験のない子供たちが就職して社会に出てきます。叱られることに慣れていないために、「上司に叱られることは悪いことだ」と考えてしまい、それがたいへんな苦痛になっているようです。

組織では、上司から部下への指導は不可欠です。混同してしまいがちですが、愛情ある指導と攻撃的な叱責は別ものです。指導は、忠実誠実のこころをもって是非曲直を述べ、部下の反省と成長を求めるものです。これに反して攻撃的な叱責は、相手の反省や成長を求める親切心はなく、相手を傷つけよう、場合によっては叩きのめしてしまおうとするものです。

ここで私見を述べるならば、指導する場合でも、ときには「怒り」の感情が入ることもあると思います。このような場合でも、それが道理にかない、理性によって制御されている場合には、正しい行為であると私は理解しています。あくまでも部下の成長を願い、問題点を矯正するために強い愛情エネルギーをもって指導することは、組織統制では必要なことだと思います。しかし、部下の成長を願う意図がなく、個人の人格を非難するためのものであれば、それは単なる攻撃となり、仁からはずれた行為となります。

一方、部下の立場からは、「なぜ自分は叱られるのだろう。理不尽だ」と思うこともあるでしょう。最近の若い人たちは、「叱られる」ことに慣れていないために、その感情が特に強いと思います。

ものごとは考えようです。「自分が不足しているところ、未熟なところを熱意とともに教えてもらっているのだ、ここを修正すれば自分は成長できる」と考えることができれば、こころはぐっと軽くなるでしょう。

「堪忍は無事長久《ぶじちょうきゅう》のもと」という徳川家康の言葉があります。人間は耐えることによって、自分を磨くことができます。「鉄は熱いうちに打て」といわれるとおり、若いうちに先輩から叱られてこそ、成長できるというものです。もし、自分の上司がとても優しくて、叱られることもなく、平和な毎日を過ごしていると感じている人がいたら、自分の将来を憂慮すべきかもしれません。

人との出会いに理由はない

私は、人と人との出会いは「縁」だと考えています。適切な時期に出会うべき人と出会い、その人と一緒に社会に貢献できることを行なう、それが一番だと思います。ときには、なぜこの人と出会ったのだろう、会うべき人ではなかったのではないか、などと思うこともあります。しかし、時が経つと、その理由がわかってきます。やはり、会うべき人と出会ったのだと。

会いたい人と会うことと、会うべき人と会うこととは違います。会いたい人に会えないときには、それは、今は会うべきときではないということです。私は、そのように考えることにしています。何か困ったことが起こり思案していると、助けてくれる人が偶然にあらわれます。とても不思議です。おそらく、強い想念が人を引き寄せてくるのだろうと考えています。

ですから、困ったときには心配せずにひたすら目の前にある自分がすべきことをしていればよいのです。そうしていると、何とかなるものです。人間社会は、人と人とがお互いに助け合って成立しています。お互いを傷つけ合ったり、奪い合ったりすることで成立しているのではありません。この本質がわかってくると、失うものもなくなり、心配することもありません。何も心配することはないのですから、不安のない幸せな生活を送れるのです。

「分かち合う」人間の本質を調べた実験

カリフォルニア工科大学で実施された興味深い実験を紹介します。ボランティア20組を対象に、片方は「金持ち」、片方は「貧乏」に区分けした実験を行ない、MRI（磁気共鳴画像装置）を使って、食べ物、お金、好きな音楽などの好ましい「報酬」に反応する脳の領域の変化を観察したそうです。

ボランティア各人には、まず30ドルずつを与えられた後、各組ごとにくじ引きを行ない、2人のうちの片方がボーナスとして50ドルを受け取りました。残る片方は、何も受け取りません。その後、さらに互いが受け取る金額がわかる状態で、異なる金額を与えていきました。

「貧しいほう」が相手より多くの金額を受け取ると、観察対象の脳の領域が反応します。ところが驚くべきこととして、「豊かなほう」の脳も「貧しいほう」が受け取ったときに反応したのです。しかも反応の強さは自分が受け取ったとき以上でした。「豊かなほう」が、自分ももっと金が欲しいと口にしたときでさえ、脳は逆の反応を示していました。

この結果について、「報酬に関する人間の脳の基本構造は、完全には自己中心的でないことが示された」と考察され、人間の脳には、「不公平を嫌う社会的嗜好が存在する」ことを示す直接的な神経生物学的証拠を提示したと結論づけています。そして、「相手より豊かなことに対する罪悪感が、他の人が金を得ることで緩和されるのではないか」と指摘しています。

以上のことから、人間には、もともと分かち合うことを望む本質があるのだろうと推測されます。「自分さえよければそれでよい」と考えている人も、周囲の人もよい状況になることを望んでいるということです。確かに、自分が苦しいときに人に助けてもらったりすると、とてもうれしいものですね。

リスクの上に坐を組む

人間、生まれてきたからには、早かれ遅かれいつかは死ぬリスクをかかえています。また、安定した生活を望みながら、実は多くのリスクをかかえているのが現実です。そして、リスクは、人間に不安を生じさせます。

「リスクマネジメント」という言葉があります。しかし、リスクは人間の浅はかな智慧でマネジメントできるものではありません。大地震がいつ起こってもおかしくないのが日本です（この本の執筆中、実際に起こってしまいました）。

実社会では、リスクとベネフィットのバランスを考えて、最適化を目指すことが求められています。リスクのない状況はなく、常にリスクと同居しているのです。

事実、私たちは大きなリスクという床の上に座っているようなものです。バランス感覚をもってその上にうまく坐しているといえるでしょう。コンプライアンス（法令遵守）をいくら強化してもリスクが根絶されるわけではありません。しかし、論理的に考えて、適切な準備をする努力は重要視されています。

たとえば、大きな災害が起こっても大丈夫なように建築設計の基準を強化する。その一方で建設コストが大幅に上がる。工期も延びる。しかし、ベネフィットを考えると、ある程度は基準の強化が必要である、といった具合にバランスをとります。

あまりにリスクを考え過ぎると現実的に受け入れ難くなります。管理（強制的）と自律主体（自由度）についても、バランスが必要です。管理されていても、自由度がある程度あれば、人間は強制感をあまり感じないでしょう。そうしたバランス感覚が大切だと思います。

「死ぬ」ということ

知人の告別式に参列すると、故人の元気なころのことを思い出します。つい先日まで一緒に話をしたり、食事をしたりしていたのに、もっといろいろなことも一緒にできたのに、もっと話したかった、などと悔やみます。

人間は、誕生のときに生を与えられると同時に、後の死を運命づけられることになります。すなわち、生があれば、必ず死があるということです。ところが、実生活の中で多くの人は、自分が死ぬことなど考えるゆとりもなく、日々の生活を続けています。

私は、日ごろから死についてよく考えます。死に関連する書籍もたくさん読みます。そうすると、死に対して少しずつ理解ができてきて、死の恐怖もやわらいでくるような気がします。

「死」は生まれるずっと前の世界に帰ることではないかと考えています。何も感じない、しかし、誕生する前と死後とでは、自分が、あるいは自分を知っている人が存在するか否かという点で違いがあります。誕生のときには喜ばれ、死のときには悲しまれる、そして、多くの人がそこに立ち会っています。その人たちも時の流れの中で、いずれすべてがこの世から例外なく去っていきます。

自分の死を考えるとき、死ぬまでに何ができるのか、どのように生きていけばよいのか、が重要であることに気づきます。何かを成したことによって、死後においても人々のこころの中でしばらくは生き続けることができる、どのように生きたかを後進に示すことによって、彼らがそこから何かを学び取ることができる、そこに生きることの本質的な価値があると考えます。

死には、一人称の死（私の死）のほかに、二人称の死（あなたの死）、三人称の死（彼・彼女の死）があります。相手の視点から死を考えることも大事なことです。皆さんは、自分の死について、どのように考えておられますか。そして、生きている間に何を行ない、どのような生き方をしたいとお考えですか。
生は死によって裏づけられます。毎日、いきいきと、元気よく生活していくために、それぞれの死について、自分なりに深く考えてみるのもよいと思います。死は、いつも間近にあると認識することが大切だと思います。

社会人のこころには成長の段階がある

社会において人がたどる成長には、軌跡があると考えます。こころの成長こそが幸せを感じるこころを持つことにつながります。それをまとめた私見を述べます。

第１段階…仕事を生活（金銭）のための手段と考え、与えられた仕事を単にこなすだけの日々を過ごす、自己の利益になることには熱心ではあるが、他者への関心・協調性が少ない。

第２段階…他者との関連性が育ち、協調性の大切さがわかる。しかし、批評家・評論家の段階を抜け切れない。自らが率先して、リーダーシップをとり、周囲の人たちを導く行動を示すことができない。

第3段階…成長志向が進み、尊敬すべき上司、目指すべき先輩などの模倣を通じて、自己のスタイルが確立できる。仕事に生きがいを感じる。社会・組織の一員としての自覚が芽生え、集団・組織の中で自分の役割を完遂することに喜びや達成感を見出す。小さな部門の長となれるレベル。

第4段階…自己成長の積み重ねが組織の成果につながることを理解し、仲間を積極的に引き込んで組織の成長に寄与している。社会的な活動にも参加して地域に貢献し、公的な役職も引き受けている。同時に、後輩の指導育成に注力する。金銭や物質の獲得などよりも、家族や仲間からの賞賛、感謝など無形の褒美に大きな価値を見出し、「無私」の精神が芽生える。組織の幹部となれるレベル。

第5段階…自分は、「社会に生かされて生きている」ことを自覚し、積極的に社会に関与し、社会貢献や公益性を強く意識して行動する。日常の行住坐臥が無意識のうちに菩薩行（社会貢献・公益活動）となる。組織の代表となれるレベル。

これらの第1段階からの階段は、順を追ってすべての段階を昇り詰めていくものではなく、第3段階から社会人をスタートする人もいれば、いつまで経っても第2段階を抜け切れない人もいます。

要するに、こころの階梯（階段）は、実年齢の高低や社会人としての経験の深浅で決定づけられるのではなく、個人のこころの持ちようと、周囲の理解・協力（個人の成長を支援する体制）によって左右されます。高い段階を目指したいと願うこころを大事にしたいですね。私は、そこに幸せの根源を発見できると思います。

〝幸せ〟は今、自分のこころで感じるもの

結婚式のスピーチで「幸せになってください」とよく聞きます。しかし、幸せは、未来に目指すものではなく、今、自分のこころで感じるものだと思います。結婚した両人はすでに幸せの絶頂にあるのですから、適切にいうならば、「今の気持ちを生涯忘れないように」といったほうがよいでしょう。

時はすぐに過ぎていきます。こころに残る思い出はいつまでも余韻を残します。人生の思い出というと、あなたは何を思い浮かべますか。すべてがよい思い出だけではないものの、きっと中にはすばらしい思い出もあることでしょう。

ただ、「思い出に生きる」というのは、過去に生きることで、「今を生き切る」という人生の本質からは遠ざかってしまいます。私は、これを次のようにして具現化しています。

1．今日すべきことは、今やる
2．昨日とは違うことを考えて、今やる
3．明日のために、今やる

いかがでしょうか。この3原則はとてもわかりやすいと思います。

しかし、実践するにはかなりの覚悟と忍耐が必要です。緊急性のないことは、明日でもよい、来週でもよいだろうと考えて、先延ばしにしてしまいます。明日には明日すべきことがあるのですから、そこに今日の事象が入り込む余地などありません。この原則に従わないと、すべきことが溜まってくるようになります。ただ溜まったことを処理するだけで手一杯となります。こうなるとよいことなど何もありません。精神的にも疲弊します。今という時間が昨日のために使われてしまうのですから、創造的なことができるはずなどないのです。今を生き切り、今、幸せを感じるようになりたいものです。

◆第4章のまとめ◆

「一日一生」とは、朝目覚めたときに一生がはじまり、夜寝床に入ったときにそれが終わる、ということです。ひるがえって、貴重な一生だから時間を大事にして、日々全力を尽くしてすばらしい一生にしよう、ということを示しています。

一日ずつの積み重ねが一生です。それがいつ終わるのか、誰にもわかりません。一日の終わりに自分が満足して就寝することが、今、幸せを感じる上でとても重要だと思います。

今日を振り返って、予期しないことや、自分が納得できないこと、気に障ることがあったとしても、それらは過ぎ去りしこととしてこだわらず、自分の行ないによって得られた結果を真摯に受け止めることができるとよいでしょう。そして、自分の不足に気づき、明日も運よく生かされることがあれば、きっと自分は成長して不足を改善しよう、と前向きに自分を信じ、今日の一生を終えることで明日の成長が期待できます。

どうしても、こだわりがあってこころ静かに就寝できないようであれば、鏡の中の自分に向かって「私は、一切のこだわりはない、私は自分を信じているから安心して休もう」といい聞かせてみてください。きっと効果があると思いますよ。

コラム 3

マツタケとくるみの思い出

ブータンでは、雨季と乾季の変わり目に山でマツタケが採れます。国民性の違いでしょうか、ブータン人は日本人ほどマツタケの香りを好まないようで、ブータン国内でのマツタケの価格は低いものでした。

それが数年前に、日本の商社がブータン産のマツタケを日本向けに輸出するようになり、徐々にその品質の高さが評価されるとともに価格が高騰し、今ではブータン国内でもマツタケを入手するのが困難になっているそうです。

3年ほど前、ブータン政府から私宛てにマツタケが送られてきたことがあります。日本のデパートやスーパーで買ったら、どのくらいの金額になるのだろう、などと思わず考えてしまうほど、りっぱなマツタケがたくさん送られてきました。実際は、梱包の状態や輸送時の品質管理を確認するために送られてきたものです。いくらなんでもひとりでは食べきれないので、職場でマツタケたっぷりのお吸い物をつくって、皆とおいしくいただきました。ちょっとした幸せのおすそ分けです。幸せは、ひとりでも多くの人と分かち合うものですからね。

首都ティンプーから車で山を越えて聖地プナカのゾンの責任者に会いに行くときのことでした。片道3時間のコースです。高さ3000mを越える山頂付近の路地でクルミを売っている若い女性がいました。20個くらい入った袋が日本円で100円くらいでした。日ごろは滅多に食べることがないクルミですが、なぜか食べてみたくなり買うことにしました。

よく乾燥されていて簡単に手で殻を割ることができて、中にはとても香ばしいクルミが入っていました。あっという間に1袋をたいらげました。日本で食べるものよりも香りがふくよかで、おいしさもありました。帰り道では、そこに売っているすべてのクルミの袋を買って滞在中に皆でおいしく食べました。売り子の女性がとてもうれしそうにしていた顔が懐かしく思い出されます。

第5章

幸せを呼ぶ行動力を身につけるエクササイズ

行動に結びつける力

何かすべきことや、したほうがよいとわかっていることが目前にあっても、面倒くさくてなかなか実行できないものです。メタボ対策のため運動したほうがよい、食べ物のカロリー摂取は抑えてバランスよくとるべきだ、読書は大切だから毎日少しずつでも本を読んだほうがよい、語学習得や資格取得のために勉強すべきだ、今日中に済ませておくべきことがある。……でも「面倒くさい」、だから実行できない。なぜでしょうか。

今日はしなくても明日すればよいだろう、別にそんなことをしなくても大した問題にはならない、急いでする必要もないだろう、あとからで大丈夫、と「今、しなくてもよい理由」をいくつも考え出すからではないでしょうか。

自分の行動力を向上させたいと思っている人は大勢いると思います。人生で成功するための不可欠な要因が、「行動力」であることは、頭ではきちんと理解できているからです。それがわかっているのに実際に行動に結びつけるだけのモチベーションにまでつながらない。だから行動できないのです。

本章では、行動力、特に〝幸せを呼ぶ行動力〟を身につけるために参考になる考え方を紹介します。自分にもできるな、と思うものがあったら、すぐに実践してみてください。

〝面倒くさい〟という思考を掘り下げる

「面倒くさい」という思考を取り払う手段として、私の提案は、行動に意義づけを行なうことをおすすめします。具体的には、

1. なぜ、自分は行動したほうがよいと考えるのか（動機を考えてみる）
2. どのようにして、自分はそのような考えに至ったのか（背景を明らかにする）
3. もし、実行した場合、あるいは実行しなかった場合、自分の立場や利益・損害はどうなるのか（将来を予想する）

この3つの疑問を自分に問いかけてみてください。白紙にこれらの3つの質問（動機、背景、未来予測）とその回答をマッピングしながら自筆で書いてみると、意外な面を持つ自分のこころの奥底がわかってきます。ここで大事なことは、紙に自筆で書くという行為です。

特に、この3番目の自分の将来像は、実行しなかった場合、自分の敗北について恐怖心

が生まれるまで徹底的に考え抜くと効果的です。自筆で書いた用紙は、机の前など、いつも目の届くところに掲示しておくことをおすすめします。用紙を見るたびに、自分のこころの声を思い出すことができるからです。

私の場合、自分の名誉欲、責任感、自己顕示欲などが、こころの根底にあり、これらを源泉として行動が生まれてきます。たとえば、子供のころを思い返すと、宿題を忘れたら、先生から叱られて廊下に立たされる、好きな人の前で恥をかいてしまう、そんなことは嫌だから宿題はやっておこう、といった感じです。

他人から非難されることは嫌いで、逆に賞賛されたいという気持ちが強く、もし、自分が実行しなかった場合の不名誉を考えていき、同時に実行したときの賞賛を期待すると、行動力に直結します。

一方で、これを実行したら大きな報酬をもらえる、このプロジェクトを成功させたら賞賛間違いなしだ、これができたら家族や仲間から感謝されるという明確な「褒美」が見えていても、行動に結びつきやすくなります。

要するに、「実行」に移すだけの価値がじゅうぶんにあるか否かを判断して、行動するのか、あるいはしないのかを自己決定しているのです。目の前にある「したほうがよいこと」、「すべきこと」に、どれだけ自分が「恐怖」を感じるのか、あるいはどれくらいの「褒美」や「賞賛」をもらえるのかを想像して、価値判断することが重要な決定要因になってきます。

しかし、あらゆることに「恐怖」あるいは「褒美」を常に想定して行動に移していたら、過敏反応を起こしてしまい、精神のバランスがとれなくなります。そこで、行動を習慣化することが必要となります。

行動は、最初はそれ自体がとても小さいものであっても、継続していくと慣れてきて、行動することに自信がわいてきます。そして、いつしか目標を達成しようという信念に成長していきます。行動から生まれた自信や信念は、やがて確信となり、着実に成功へと導いてくれます。ですから、まずは第一歩がもっとも大事なのです。

宮崎県の五ヶ瀬というところにある学校で講演をしたときに、高校生から次のような質問を受けました。

「自分は志望大学に合格するためにもっと勉強すべきだ、といつも考えているのに行動が伴わない。どうしたらよいのでしょうか」というものでした。

私たちの時代もそうでしたが、高校生のほとんどが、自分の目標を「有名大学に入ること」としています。

私は、「『有名大学に合格する』という目標ではなく、『将来の自分の夢』を目標として定めることが大切で、将来どんな職業につきたいのか、人生で何をしたいのか、方向性をしっかりと考えてください。そのためには、いろいろな職種の人に話を聞くといいでしょう。あっという間に大学生活は終わります。ですから、今のうちに自分の将来の仕事を考えておくことが大事なのです。また、志望大学を決める前に、目指す学科（専攻）を考えるのです。そうすれば、目標が自分のこころの中にしっくりと落とし込まれて、日々のモチベーションにつながります。そして、具体的な目標を周囲に宣言したら、まずは、今すぐ、志望大学の過去の試験問題をひとつずつ解いてみてください。最初はわからなくてもいいので、関連する問題を簡単なものから解き続けてください。そのうち、自然と実力が身についてきます」と助言しました。そうすれば、未来の自分の像が少しずつ見えてくるからです。

最初の行動は、ハードルをなるべく低く設定して、まずはそれを超えてみます。エクササイズ（鍛錬）とは、小さなハードルを日々超えることによってなされるものだからです。その積み重ねがこころの中に自信というゆるぎない核を形成していきます。最初から高いハードルなど超えられるものではありません。まずは、いくつもの「できること」に小さく分解して、少しずつ行動に続く「きっかけ」をつくる努力をしてみたらいかがでしょうか。

ここで面白い呪文を紹介します。もし、「面倒くさい」と口に出しそうになったら、「メンドウクダサイ」と唱えるのです。

「ダ」という一文字を挿入するだけで、魔法の言葉に変身します。ちなみに、「ダ」という言葉は、ロシア語では「はい、そのとおりです」という意味です。面倒くさい、という気持ちを肯定的に素直に受け入れて、それを昇華していこう、と前向きに考える呪文と思ってください。

そうすると、「私は、大きく成長したい、だから多くの苦難を乗り超えることが必要です。それは、智慧の試練と認識しています。私に試練をたくさんください」という祈りの意味になります。実際には、天は自分が成長するのに必要な分しか、「メンドウ」をくれないのですけどね。

自己成長志向はモチベーションを高める

昨日よりも少しだけど今日は成長した、と思えると気分は明るくなります。たとえ、失敗して叱られたとしても、失敗から学んで自己成長できたと思えば、明日への元気も生まれてくるものでしょう。人間は「生きる」本能を持っています。危険を回避して、より安全で豊かな場所を好むのは人間に共通する本能的な習性です。

いい換えると、私たちは生かされているということでもあります。生かされていることに感謝することで、不思議と安心感を得ることができます。自己の成長を願い、生かされていることに感謝し、使命感を持って日々を送ることで、高いモチベーションが維持できると思います。これが人間の持つ本質なのでしょう。

ときに、やる気がない、元気が出ない、疲れた、集中力が散漫するなど、モチベーションが下がってしまうこともあります。また、気が進まないこと、好きでないこと、誰かに依頼されていることなど、頭ではやったほうがよいとわかっているものの、後でいいや、今でなくてもいいや、と後回しにしてしまいます。このようなときでも行動できる精神力や忍耐力を身につけたいものです。

私は、次の方法でモチベーションを上げます。まず、余計なことを考えずに、即行動することを原則とします。とにかく一歩だけ前に進んでみるのです。そうすると、二歩目は比較的楽に踏み出せます。気がつくと結構進んでいて、もう半分かな、もう少しで終わるかな、というところまで行き着きます。そこで自分で自分をほめます。「よくやったね」と。ここまでくれば完了させるのは、それほど難しいことではありません。遠くの山に登るのも、まずは一歩から、というでしょう。

次に取る手段は、もし、今これをやらなかったら、いつできるのか、今やらなければずっとできないな、そして、これができていないときっとまずいことになる、と考えます。多くの場合、後からやろうと思っても、実際には次から次に新たな仕事がやってくるので、後からやるにはかなりの困難が伴います。実際に今できないことが後からできるわけがないのです。

もし、やらなくても大きな問題にならない、と判断するのであれば、きっぱりとやらないことにします。実際にやっておかないといけない重要なことは、今やるしかないと決意して行動します。自己暗示のように単純ですが効果的です。

3つ目は、人間の原点である「生きる」ということに目を向けます。自分が生きているのは、実は生かされているのだ、と考えてみるのです。自分には使命がある、自分は社会に必要とされているのだ、と気づくのです。すると高いモチベーションが自然とわき出てきます。

習慣化によって行動は継続できる

行動の原点は、その行為に対するモチベーションの高さにあると述べました。それは、その行為を実行することを自分が許可するか否かという判断基準です。自分がしたいこと、好きなこと、自分に利益が生じることなど、行動を起こすには理由が必要だということです。

しかし、状況によってモチベーションは変わります。なかなか行動に移せないことがあります。それは判断力が鈍っているからです。モチベーションが低迷していても、判断力が鈍っている状態にあっても、適切に行動できるようにする唯一の方法は、その行為を習慣化することです。

習慣化された行為は、その行為自体にもはや判断の必要性をあまり感じないので、いつものように自然と身体が動き出します。これは、持続的な行為は習慣化という形で脳に刷り込まれて、判断というプロセスを短縮して行動できるようになっているからです。この習性をうまく利用すれば、私たちはたやすく成長できる強い補助エンジンを得ることになると思います。

ここで、モチベーションを高める要素を考えてみましょう。アメリカの著名な精神科医デヴィッド・R・ホーキンス博士は、行動の原点にあるモチベーションを高める要素として、次の項目をあげました。

1. 恥をかきたくない
2. 罪の意識を感じる
3. 恐れから逃れる
4. 欲を満足させる
5. 怒りによる
6. 自尊心がそうさせる
7. 勇気を奮い立たせる
8. 中立心による

9．自発心による
10．受容することによる
11．理性による
12．愛による
13．喜びを感じる
14．安心できる
15．啓発するために

状況によっていろいろなモチベーションが発揮できると思います。結果として行動できればよいわけですから、どの要素によるかは自分の選択によって決めればよいということです。

あくまでも自分が決める、というプロセスが大事です。それから、自分の行動パターンを客観的に観察してみて、行動の要因が前述のどれによるか、分析してみると面白いと思います。私の経験からは、人間の行動要因は意外と単純だと思います。

よいことも悪いことも3日続くと習慣というエンジンが動き出します。何かを実行するとき、1回目のハードルがもっとも高く、2回目、3回目と徐々に慣れてきます。それぞれに学習効果が出ているのでしょう。何かすべきこと、続けたいことがあったとしたら、まず1回だけ実行してみてはいかがでしょうか。そして、3回続けることができたら、それなりにその価値を見出していることを自覚できるでしょう。

さらにあと3回続けてみるか、それで打ち止めにするのか、よく考えて自己決定すればよいでしょう。もし、2ヵ月間、たとえ週に1回であったとしても、リズムを持って継続できたら、それは確実に習慣化されていきます。次の1ヵ月を継続するのにそれほど大きなエネルギーはいらないでしょう。

習慣とはそんなもので、いったん身につくと、人間は習慣の奴隷になります。この習性をうまく利用して、よいことを習慣化できたら、それは大きな財産を手に入れることになるでしょう。

本を読む習慣、語学を学習する習慣、運動をする習慣、何か身につけたいこと、上達したいことがあれば、習慣という人間の持つ最強の武器を使うことがもっとも近道だと思います。

❦ 習慣化をはばむ要因 ❦

人間にとって、「習慣づける」ということは、同じ動作を繰り返すことによって、脳に神経回路（シナプス）が発達して、より早く、正確に、そして無理なく行なうことができるようになります。習慣化さえできていれば、その道の達人になれます。同時に人生に重要な意義を持たせることにもなります。

しかしながら、習慣化をはばむ要因もあります。私は、次の3点が重要なポイントだと考えています。

A…内因的な阻害要因として、習慣化しようとしていることの価値観を損なう思考が生じてしまう。論理的に考えると、自分が目指そうとしている行動なので、価値観を見出したものであることは間違いないのに、そのときの心理状況、感情やストレスによって、否定的な観念が生まれて、逃避という選択をしてしまう。今日は休もう、明日からやろう、後でやればよい、それほど重要とも思えなくなった、あえてやるほどの価値があるのか……など、習慣化すること自体を否定する思考が発生する。

B…外因的な阻害要因として、周囲の賛同を得られず、否定的、非協力的な環境に置かれてしまい、自分は習慣づけるために行動を続けたいのに、それができない、やりづらい、反対されるという事態が起こってしまう。自分はやりたいと思っても、それを実行できない状況にある。

C…環境も整っており、やる気もあるのに、時間的な制約、肉体的あるいは精神的な限界があり、継続することが困難な状況にある。また、経済的、物理的な問題によって、行動が継続できない環境にある。

これら3点で、どれが原因かを考えてみると、おそらく圧倒的にAによるものが多いと思います。Bあるいは Cの事由があると、習慣化はかなり困難となります。ただ、Aから逃げるためにBあるいはCの理由があるとして、無理やりに理由をこじつける場合もあります。

習慣化は武器であると述べました。確かに、習慣づけると、特定領域のスキルが向上します。しかし同時に、他の領域のスキル向上の機会を失うことにもなります。限られた人生の中で、何を習慣づけて自分の武器にするのか、慎重に考えるべきです。といって、何もしないのも大きな問題です。武器がなければ、他者との差別化による競争優位性を獲得することができず、よりよい生活環境を整えることも社会的な貢献もできないからです。

自分は何になりたいのか、何をしたいのか、どう生きたいのか、そして、何をやめるべきなのか、何をすべきでないのか、これらを今一度、よく考えることをおすすめします。

モチベーションは〝行動〟の積み重ねで維持できる

モチベーションがそれほど高くないと感じているとき、それでもすべきことをコツコツと積み重ねていくと、次第にモチベーションが高まってくることに気づきます。行動を起こす原動力がモチベーションですから、実際に行動できていること自体にモチベーションが存在するということでしょう。

面倒くさい、億劫だ、何となく気が進まない。そのような状況でも、何も考えずに、すべきことをする、それだけの認識でまず動いてみると次の一歩が出てくるのです。そうしていると、〝行動〟そのものが身体に馴染んできて、次第に気分も楽になります。同時に、行動することに無理がなくなり、モチベーションが築かれていくような気分になります。これも習慣による動機づけと考えてよいと思います。

二宮尊徳は、「積小為大《せきしょういだい》」という言葉を残しています。これは、日々、小さなことをコツコツと積み上げていくことで、大きな偉業を成すことができるという意味です。どんなに大きくて困難に見えるプロジェクトも、部分、部分に分解すれば小さな塊になることがわかってきます。若いころは、小さなことばかりやらされてつまらないと考えがちです。しかし、小さなことを積み重ねていくことで経験を重ねて、大事を成すことができるようになるものです。日々の努力の積み重ねこそが大事であり、それをしっかりできるようになってはじめて大事を成すことができるということです。

今、これからやろうとしていることが、たとえ単調な日々の繰り返しであっても、魂を込めてしっかりと向かいましょう。それが、自らの行動力を高めて、将来の大事のために備えることになります。

習慣は品性をつくり、品性は運命を決する

人間はこころで思ったことが言葉となり、行動へと結びつくものです。行動は継続することで習慣化されます。よい習慣はりっぱな品性（品格）を形成します。品格のある人

は、よい運命を引き寄せ、りっぱな人生を送ることができるのです。

一方、日ごろから他人のことをうらやんだり、ねたんだりしていると、それが不平不満の言葉となり、あるときに行動に結びつきます。そして、いったん動き出すとやめられなくなり、習慣化されてしまいます。悪いのはいつも他人、自分は正しい。しかし、こころは暗く、重く、苦しく、顔色はさえない。品格のない言葉と習慣は、周囲に不快感を与え、せっかくのよいチャンスや運気が遠のいていきます。結局、自分の運命を呪い、もがき苦しんで人生を終えてしまうのです。

自分を大切に思い、同様に他人を大切に思える人は、あらゆるものに感謝することを忘れません。人のこころの痛みもわかります。「ありがたい」と思える感謝のこころは、よい言葉とよい行動を引き寄せます。そして、周囲の人を明るくしてくれます。他人の悪口をいわず、問題が起これば原因を自分の中に見出し、自己成長につなげていきます。

その行動が品性を生み、すばらしい人格を形成していくのです。そうなると、いろいろな人が声をかけてくれます。絶好のチャンスが到来します。運命の出会いがあるのです。

モチベーションの獲得法について、もうひとつ持論があります。それは、そのときの状況、すなわち「時の運」であり、また、どのような人と出会うかという「人との縁」によって、さまざまなモチベーションを授かるものだという考え方です。

貪欲にモチベーションをかき集めようとしても、思いどおりになりません。そうなると、結果を出すことのみに集中してしまい、あせりが出てきます。集中力を失い、いろいろな妄想に悩まされ、結果が出せなくなります。

苦しいときでも、「どうにかなる」という気持ちであせらず、そしてあきらめることなく、全力を尽くし続けること、これが感受性を高めてくれるものと思います。

それでもモチベーションが上がらないときがあります。一生懸命にがんばっていてもどうにもならないときです。健康の問題、環境や仕事を取り巻く状況など、要因はいくらでも出てきます。人間ですから仕方ありません。

このようなときには、判断力が鈍ってしまいます。特に感情的に不安定なときには正しい判断はできません。そんなときは、しばらく様子を見て、時期を適切に選んでから判断したほうがよいと思います。

他人に感謝されたとき、大きなモチベーションを得る

「ありがとう」と人に感謝されたとき、「すばらしい」と周囲から賞賛されたとき、とてもよい気持ちになります。利益を得るわけでもなく、何かを獲得できるわけでもないの

に、気分はとても爽やかです。

私たちは、物質的なものに価値を見出しています。しかし、必ずしもそれだけでないことが理解できます。人の役に立ちたい、困っている人を助けたい、次世代の人たちに何か役立つものを残したいなど、直接的に自分の利益にはならないことにも価値を見出すことができるのです。

個という壁を乗り超えて、人類の一部、社会の構成員のひとりとして自分を見つめ直すと、次世代にバトンを渡すことが強く求められていることを認識できます。

すると、個の小さな世界を超越して、自分の生命が大宇宙の生命体の一部であると実感できるでしょう。そこには、個の寿命をはるかに超えた永遠の命の連鎖がうかがえます。また、自分の限りある命の尊さにも気づきます。

生命の根源となる欲を認識する

私たちには、成長や改善を望み、現状よりもよくしたいという前向き志向があります。よりおいしいものを食べたい、より環境のよいところに住みたい、より美しいものを見たい、と思いませんか。そのように思う気持ちは、どこから起こってくるのでしょうか。

それは、人間の持つ「欲」だと私は考えています。欲は、実体中心の生活面だけではなく、こころの面においても非常に重要な役割を果たしています。欲が低下してくると、モチベーションが下がり、行動力が落ち込んで、生活もだらしなくなり、周囲のことに興味がなくなってしまいます。さらに程度を超えて落ち込むと病的なうつ状態となり、医学的な治療が必要となります。ですから、欲を持つことは、人間にとってとても重要なことだと思います。

特に、自己成長につながる学習意欲、生活向上につながる勤労意欲は、より人間らしく、そして大人の社会人として生きていくために必要な欲です。欲のレベルが高ければ高いほど、人間は活動的になり、意識レベルも高くなります。好奇心も旺盛になり、勉学も進みます。

そして、欲の目指す先が自分だけでなく、家族・友人のためともなれば、目標達成度はかなり高くなるでしょう。私は、欲を持つほうがむしろ人間的だと考えます。まずは、自分のため、そして、家族・友人のために一生懸命にがんばって、目標を達成することを経験することこそ、人生にとってすばらしいことだと思います。

その経験を積み重ねて、少しずつ欲の輪を広げていき、地域社会や人類全体のことを考えるようになれば、それは密教でいう大欲へと発展します。もちろん、他人に迷惑をかけない、という条件は大事です。自分だけがよければ、他人はどうなっても構わないという身勝手な欲は、決して長続きはしません。また、人々の支援を得ることもできません。欲が満たされないことで自分が大きな苦痛を感じることにつながります。欲にも、持ってよい欲と持つべきではない欲があるということですね。

モチベーションの源泉を知る

勉強や仕事を楽しいと考えて、日々実践している人はどのくらいおられるのでしょうか。もともと人間は、面倒くさがり屋で怠け者です。できれば、仕事も勉強もしないでゆっくりとしていたいと思うものです。反対に、パチンコやギャンブル、アミューズメントパークや映画館には喜んで行く人も多いでしょう。この両者の違いは何でしょうか。

勉強の楽しさは、「知る喜び」にあると思います。その本質から遠ざかっていては、単なる苦でしかないのです。長続きするはずがないでしょう。お金のために仕事をしている人は、お金がもらえればそれでよい、と考えてしまいます。だから、仕事が楽しかろうと、そうでなかろうと、そんなことは関係ないのです。ただ、報酬が多くもらえればよい、と考えてしまいます。

仕事をすることを苦と思わず、楽しくできるようになれば、モチベーションは自然と高まってくると思います。そのためには、「何のために仕事をするのか」という理由をこころの中で整理する必要があります。人々の役に立つことをしたい、そして、その成果を人々に賞賛して欲しい、そういう気持ちで仕事ができるようになると、苦しさが少しずつやわらいできて長続きすると思います。

仕事を楽しくするコツ

やらされ感で仕事をしても楽しくありません。限られた人生の貴重な時間をつまらないことに費やすほど無駄なことはないでしょう。生活のためにお金を稼ぐ、家族を養うために働く、こういう話はよく聞きます。しかし、主体性がなく、義務感が漂ってしまいます。楽しさとは、続けていても疲れない、飽きない、もっとやりたい、といった感覚でしょう。

仕事を楽しくするには、どうしたらよいのでしょうか。私は、次の5つを考えて仕事をしています。

1. どんな単純な作業でも集中して完成する（一日一生）
2. ルーチンワークの中に新たなアイディアを探してみる（日々挑戦）
3. 仲間と和をもって進め、苦難をともにし成果を分かち合う（目標の共有）
4. 苦難は自らを成長させてくれる絶好の機会ととらえる（自己成長）
5. 健康で仕事ができることに感謝する（勤労感謝）

世の中には、働きたいと思っても何らかの理由で働けない人も大勢います。身体的理由に限らず、家庭の事情や周囲の影響など、本当は働きたいのに許されないという状況が存在するのです。

一方、やろうと思えばできるのに「できない理由を考えてやらない」というケースが多々あるのも事実です。「できない理由」を考えること自体がすでに消極的思考であり、行動から遠ざかっています。行動しなければ状況は変わらず、何も起こりません。評価されることもありません。行動してわかることのほうが多いものです。

今、行動できる状況にあるのであれば、それを感謝して、迷わず「即実行」すること、これが仕事を楽しくする本質だと思います。

信念のあるところには、行動が伴う

信念を持っている人は、どんな苦境にあっても、前向きに進む強い行動力を持っています。すべきときに、すべきことが適切にできるのです。なぜでしょうか。行動できると成果がついてきます。成果は実績となります。そして、実績により高い評価と賞賛を得ることができます。その結果、積極的な観念を生む〝光のパワー〟を周囲に与え、さらにエネルギーレベルを高くし、ゆるぎない覚悟を形成していきます。

こうしたプラスのエネルギーサイクルに入ると、信念はどんどん強くなり、実績もついてくるのです。しかし、多くの人が信念を持てないでいるのも事実です。なぜでしょうか。それは、自分の力を信じることができないからではないでしょうか。

一点の曇りもなく、自分にはできる、絶対にやりきるのだ、と信じてください。そうすることができれば、プラスのエネルギーサイクルを得ることができます。一切の消極的な観念を断ち切り、不必要な邪念を払いのけて、不平不満の根を完全に打ち消すのです。ただ、そう思うだけでよいのです。

行動が伴わなければ人は信用してくれません。社会も評価してくれません。幾千万の言葉よりも、日々の行動の積み重ねにより、周囲の人々の信頼を得て、結果として信用され、実力のある人間として認めてもらえるのです。それほどに、行動は絶大なる影響力を生むものなのです。

日々の生活の中に目標を掲げて、あらゆる手段を考慮して少しずつ行動を重ね、それを継続して目標を完遂すること、これしか、信頼を獲得する方法はないと思います。

〝宣言〟すると行動が伴いやすくなる

「できたらいいな」、「したほうがいいことはわかっている」、「でもなかなかできない」、そのようなときにおすすめなのが、まず「宣言する」ことです。今はできていないけれども、将来できている自分をビジョンに描きながら、潜在意識に落とし込んでいくのです。そうすると、「できている自分を未来から引き寄せる」ことができるという魔法のような不思議な力が得られます。

エネルギーが高ければ高いほど、ビジョンは鮮明になり成功率も高くなります。「未来の自分と固い約束を交わす」という気持ちで、自分を信じきることです。自分は絶対にできる、必ずやり遂げる、できることはわかっているから、ただ実行すればよいのだ、といった具合に自分のモチベーションを高めていきます。

私は、これまで困難に遭遇するたびにこうして乗り超えてきました。今、皆さんは何か困難に遭遇していますか。それを本当に乗り超えたいのであれば、ぜひ宣言してみてください。そして、うまく乗り超えられたら、自分で自分をほめてください。

〝今できる〟ことを〝今すればよい〟

考え込んで、悩んでいても、雑念が出てくるだけで一向に状況は改善できないでしょう。最適な選択は、今すべきこと、今できることを、即実行することです。

行動は、自信というご褒美を与えてくれます。また、行動から新たな展開が起きてきます。目標を立てて、日々一歩ずつ前進していくことが目標を達成するのにもっとも近道なのです。

今、すべきことをしないと、それを実行する機会を持つことが難しくなります。最悪、忘却の彼方へと吹き飛んでしまいます。ですから、重要な案件は、何らかの形ですぐに対応すべきです。

目の前にすべきことが複数あった場合、優先順位をつけて重要なものから済ませていくのが通例でしょう。しかし、時間の制限を受けていると、重要性のあるものはすぐに対応しないと手遅れになってしまいます。あなたは、次のどのタイプでしょうか。

A．走りながら考えるタイプ
B．考えてから走るタイプ
C．考えずに走り続けるタイプ
D．考えてはみるが、走ることをためらうタイプ
E．走らず、考えもしないタイプ
F．その他

人には、それぞれ個性があり、得意、不得意、そして、自分が好む手段があります。多様性が前提の生物社会ですから、正解はありません。私は、どちらかというとAのケースが多いでしょう。

どのような進め方が適切なのか。人には、それぞれ自分の好きなやり方があるでしょう。あくまでも参考になれば幸いです。

ときに、自分はどっかりと座り込んでいるくせに、人が走っている姿を見て批判する人がいます。自分で行動することをためらい、人の行動にケチをつけるタイプの人です。確かに、人の批判をしていると自分が正しいように思えて、気分はよくなるでしょう。たとえ、最善を尽くしていても、それを認めようとせず、独自の視点で批判を続けます。批判と賞賛はまったく反対の位置にあるようで、実は常に相関する関係にあるようにも思えます。

ここでいう「走る」とは、行動することをいいます。行動には必ず障害が伴うものです。これはまさしく障害走のハードルです。

人生におけるハードルの存在は、ある程度は予測できるものの、行動する前にはっきりと見えるものではありません。今の世の中はスピードが求められています。ためらう時間の余裕さえありません。足元をしっかりと踏みしめて歩いていける時代は、古きよき時代となってしまいました。少なくとも、現代では、行動せずに生き残れる可能性は少なくなっています。現実を直視し、危機感を持ち、何よりもまず行動することが求められているのです。

ここでもっとも大切なことは、「今を生きる」ということです。未来の夢に向かうにしても、今、前進しないことには、明日も今日と同じで進歩がないですからね。今できることを先に延ばしてはいけないと気づくことがすべての出発点でしょう。

「時間がない」は、「できない」理由にはならない

時間は皆平等に与えられているのに、同じ時間で成果を上げられる人と、成果を上げられない人がいます。また、同じような環境で仕事をしているのに、ある人は確実に仕事を完了し、ある人は間違いが多く、やり直しに多大な時間をかけています。学歴や就業年数とは無関係にこのようなことが起こります。ある人が「時間がないからできない」といい、ある人は「時間をやりくりすればできる」といいます。

私の経験からは、仕事は「できる人」に集中します。「できる人」は、スピードだけでなく確実性も高いので、安心して仕事を依頼できるからでしょう。

また、知識や経験が豊富な人は、仕事の精度が高くなり、智慧のある人は、要領よく仕事を済ませていきます。こころが鍛錬されている人は、どのような状況にあっても、仕事

に対して前向きに取り組みます。

「忙しい」、「時間がない」とこぼしている人には頼みごとをしたくなくなります。「忙しい」といっている人の多くは、実際には時間はあるものの、こころの余裕がないだけのケースがほとんどです。休日があり、食事時間もある、睡眠も取っている、こういう人がどうして忙しいといえるでしょうか。

要するに、こころにゆとりを持てばよいだけのことでしょう。少なくとも、「忙しい」と口に出すことだけは避けるような習慣をつけて身につけたいものです。そもそも「忙」という字は、「こころ（りっしんべん）を亡くした」状態をあらわし、気ぜわしく落ち着かないという意味を持ちます。どんなに仕事が立て込んでいようとも、泰然自若としていたいものです。

人生は挑戦の連続

信念の弱い人は、よく言い訳をします。すぐにできない理由を説明するのです。確かに、自分の力では困難なことに敢えて挑戦するのですから、それなりの理由と覚悟が必要でしょう。自分ができそうな範囲を超えて外に出ることを拒み、リスクを取ることを避けて、これまで自分ができたことを繰り返していれば、失敗することはほとんどないし安心でしょう。

しかし、それでは成長が期待できませんね。挑戦すべき環境が整い、それなりの背景が理解でき、成功する可能性があれば、私は挑戦すべきだと思います。失敗しても人生はいつでもやり直しができるではないですか。私もこれまでに何度も失敗をして、その都度、這い上がってきました。でも、不思議といつも何か得たような気持ちになります。それは、自己成長という挑戦したことに対する勲章だと考えています。

一度限りの人生ですから、自己を高めるチャンスを活かして、少しでも成長していくのが人間としての尊さだと思います。自己成長できれば社会貢献もできます。困難に挑戦して、やり遂げた人は、多くの人々から賞賛を受けます。そして、その人は光り輝いて見えます。これをオーラというのでしょう。

人間は誰でも光り輝くチャンスがあります。ただ、多くの人が「できない理由」を並べて、そのチャンスを見逃しているのです。新たな挑戦を続けることこそ人生の醍醐味であると思います。

得られた結果にはこだわらない

自分で決めたことであり、最善を尽くしたのであれば、得られた結果は、自分の限界であると受け止め、一切のこだわりを持つことはないでしょう。このように考えることができれば、責任を他人に転嫁したり、不要に落ち込んだりすることはありません。すべては自己責任です。

結果には、運もあり、そのときの周囲の状況により左右されることもあるでしょう。しかし、全力を尽くしたのですから、結果は最善のものなのです。それ以上は、あり得なかったのです。よく耳にしますが、「もしも……という条件があれば、もっとよい結果が得られたのに」という後悔の念を聞きます。しかし、時間は戻せません。結果もくつがえりません。ですから、後悔しても何も変わらないのです。

全力を尽くせなかったことが敗因だと考えるならば、それは優柔不断さが招いた一時的な結果だと認識して、次の機会に全力を尽くしてください。全力を尽くしきれば、後悔することはないのです。今、このときに、全力投球することが一番です。

間違えたら、いさぎよく認める

間違いが起こり、自分が誤っていたと思うのであれば、それをいさぎよく認めて、そこから再スタートすればよいと思います。人が成長するのは、失敗から学ぶときです。しかし、それには条件があります。まず、失敗の原因を他に求めないことです。すべては、自分の力不足が原因であると真摯に認めることができれば、次の機会に失敗を避ける智慧が得られます。

原因が自らに起因すると思うことにより、次に失敗を避けるには具体的にどうすべきか、なぜ今回はできなかったのか、を反省することができ、脳に新たな神経回路ができるからです。

自分の失敗によって迷惑を被った人に素直に謝罪することも大事です。

「二度と周囲に迷惑をかけない」という強い覚悟は、次は絶対に失敗しないという意識を生み出します。この2つの条件が揃うと次の失敗の確率を確実に減らすことができるでしょう。

使命感について考える

「自らの意志に基づいて積極的に行動できている状態」において、「期待する成果が得られる達成感」がモチベーションになり得ると説明しました。これは通常の状態に当てはまることで、疲労した「極限状態」にあるときには、成果を得ることにそれほど価値観を持つことはできず、インセンティヴによって行動を起こすことは困難となります。

私は、行動を支える３つの要素を、

1. 自分の意志をしっかりと持っているのか（自らが進むべき方向がわかっている）
2. 行動に移すだけのモチベーションがあるのか（褒美や賞賛への期待）
3. 積極性を自ら認識しているのか（使命感や本能のようなもの）

と考えています。

この中で、もっとも重要な因子が、私の場合には、「使命感」です。皆さんは、どの因子がもっとも重要と考えますか。人それぞれ環境が違いますから、価値観も異なって当然です。組織の中で生きていくには、目指す目的を共有して、その達成に向けて使命感を持つことが大切であり、そこに生きがいを感じるのだと思います。

人間が行動を起こす究極の源泉が使命感だとすれば、どうしたら使命感を持てるのか、どうしたら呼び起こせるのか、これが次の課題です。

使命感は、人から教えてもらったり、強制されたりするものではありません。自ら感じ取り、自律的に持つものでしょう。また、使命感は自分のためではなく、自分以外の人のために行動する源泉になるものです。ひょっとすると天から与えられるものなのかもしれません。

✧第5章のまとめ✧

私は、人に感謝する人が人に感謝される、人を助ける人が人に助けられる、そして、人の幸せを願う人が幸せになれる、と考えています。

一方、人をあざむく人が人にあざむかれる、人を軽蔑する人が人に軽蔑される、そして、人を裏切る人が人に裏切られる、とも思っています。

これこそが「因果はめぐる」ということで、仏教では「因果応報」といっています。よい行ないにはよい結果がもたらされ、悪い原因には悪い結果が伴う、当たり前のようですが、現実的には常によいこころがけをもって、よい行ないを続けることは難しいものです。

私は、日々、自分が口にする言葉、頭に浮かぶ想念、その結果として起こすアクション（行動）が意識せずともよい行ないであるように祈ることで、実際にはできていなくても、いつかはほんものの幸せな生き方に到達できるものと信じています。

コラム 4

生き物の楽園ブータン

ブータンの朝はとてもすがすがしく気持ちがよいものです。太陽の光が身体を突き抜けてこころの中まで届くように感じます。おそらく山岳地帯で空気が澄んでいるからでしょう。

パロ国際空港の近くには、「虎穴に入らずんば虎児を得ず」（危険を冒さねば大きな成果は得られないという意味）ということわざの由来となった洞窟があります。標高2500mほどに位置する切り立った岩壁にある横穴です。この岸壁の頂上付近にはお寺があり、僧侶が修行をしながら住んでいます。よくこんな高いところにまで資材を運んでお寺を建てたものだなと驚きました。

私は、ここのすぐ近くのホテルに泊まったことがあります。普通は、この岩壁の道を歩いて登るのですが、実は、一部だけロバに乗ることもできます。頂上までは往復4~5時間ほどの登山となります。比較的歩きやすい傾斜の道からはじまり、次第に岩が切り立った険しい石道になります。ご年配の方も結構登っておられます。日本からの観光で来られる方も多く、日本語がときに聞こえてくるとうれしくなり、つい声

をかけてしまいます。

そのホテルには、とても美しい庭園がありました。真っ赤なバラの花が満開に咲き誇っていて、その花のまわりには日本では見かけない珍しい蝶がたくさん飛んでいます。生き物を大切にするところですから、もちろん眺めるだけで触ることもしませんでした。また、この庭園の中には、どこから来たのか、数匹の野犬が芝生の上で熟睡していました。人が近くを通っても無視して眠ったままです。たぶん、ここをねぐらにしているのでしょう。それにしても、生き物にとってもこの国は楽園なのでしょうね。

第6章

ブータン人と日本人

——幸せのかけ橋

ブータンとのつき合いのはじまり

ブータン王国とのご縁は、2007年の春、当時のブータン王国農務大臣で首相も経験されたことのあるサンゲ・ニドゥップ氏が来日された際、知人のペマ・ギャルポ教授（チベット出身の政治学者。桐蔭横浜大学大学院法学部教授）のご紹介でお会いする機会をいただいたことにはじまります。

それまで、ブータン王国について、国民の多くがとても信心深い仏教徒で、特に7世紀後半にインドで生まれた後期密教の流れをくむチベット密教を信仰しており、その教えが国民の精神的な柱となっていると聞いていましたので、私自身、密教学を学んでいたこともあり、関心を持ってお会いしたのです。

会談の際、サンゲ・ニドゥップ氏と意気投合した私は、ブータン王国のことをもっと深く知りたいと思いました。そして、ブータン王国のために役立つような協力ができないか申し出たところ、「ブータンでは栄養不良のために乳幼児の死亡率が高く、これを改善させるために乳牛を増やして酪農を強化して、乳製品を普及させたい」との答えが返ってきました。国民は、世界一幸福な国なのですが、山間部では貧困に苦しむ家庭も多く、シングルマザーも大勢いて、このような地域では、子供たちの栄養状態が悪く、学校に行けない子供たちもたくさんいるそうです。何とかしてこの状況を改善したいのだということでした。

どのような形で協力するのがよいか、あれこれ考えた末、まずはブータンから留学生を招き、日本の畜産技術を学んでもらうのがよいだろうという考えにいたりました。

私の郷里の鹿児島は国内でも指折りの畜産が盛んな県です。そこで、サンゲ・ニドゥップ氏との会談から半年後の2007年10月に、鹿児島大学大学院の農学系の博士課程にブータン人留学生2名を受け入れてもらえる態勢を整えました。留学生には、こころ置きなく研究にいそしんでもらいたいと考え、奨学金としてすべて援助させていただきました。

留学生の2人は、ブータン本国では、農務省に勤める行政官で、いずれもインドの大学を卒業した獣医師でした。このうちひとりは2011年春、博士課程を終えてブータンに帰国しました。もうひとりも来春には全課程を修めて本国に戻る予定です。きっと日本の高い畜産技術や文化を習得してくれるものと期待しています。

ブータン王国への初訪問

2009年夏、ブータンの議会制民主主義移行後の初代首相となったジグメ・ティンレイ氏が来日されました。私は、ブータン留学生受け入れに対するお礼を兼ねた首相の表敬訪問を受けました。そのとき、正式にブータン王国へのご招待をいただき、その年の10月、はじめて私はブータンの地を踏むこととなったのです。

政府の招待ということで、ブータン初訪問は政府高官との会談・打ち合わせ、会食などの予定が目白押しで、滞在した3日間、まったく観光に時間を割く間もないほどの過密スケジュールでした。

ジグメ・ティンレイ首相をはじめとする政府関係者との話し合いの中で、あらためてブータン政府は自国の酪農技術の向上に高い関心を持っていることを実感しました。そこで、私は乳牛の人工繁殖の推進を提唱しました。ブータンでは、牛の人口授精を行なってはいるものの成功率が3割程度で、日本における牛の人工授精の成功率（約95％）に比べるととても低いのです。人工授精の精度を高め、乳牛の数を増やすことができれば、酪農家が新たな乳牛を手に入れやすくなります。ブータンでは、まだ乳牛の数が少なく、牛がたいへん高価なために酪農家にとっては高嶺の花です。また、ヨーグルトなどの乳製品を製造し、その流通と消費を促進させるインフラ整備も行なう必要があります。いずれも乳幼児の栄養失調の問題が解消されるまで続けていくつもりです。

滞在期間中、関係省庁との会談で、私が代表を務める新日本科学とブータン政府が10
0%出資する政府系投資会社（Druk Holding and Investments）との間で合弁会社を設立し、酪農プロジェクトを足がかりとして将来的には医療を含めたヘルスケアプロジェクトを目指すことを確認し合い、私のブータン初訪問はひとまず終わりを告げました。ブータン政府とのこれらのプロジェクトは、現在も着々と進行中です。

医療と教育は国の礎《いしずえ》

ブータンでは、基本的に医療費は無料です。国内の病院で手に負えない疾病の場合には、提携先のインドの病院に入院することもできます。その際の移動や入院費用も国が負担してくれます。義務教育制度がないため、学校に通わない子供もいますが、就学を希望する場合、教育費も無料です。地方に住み、通学が困難な子供たちには寄宿舎も用意されています。

つまり、ブータンでは、「お金がないから満足な医療を受けられない」、「貧しいから進学したくてもあきらめざるを得ない」という状況を引き起こさぬよう、国家レベルで国民の権利を手厚く保障しているのです。

現実には、病院にしても、学校にしても、施設の数や、医療や教育に従事する専門家の数がじゅうぶんでなかったり、必ずしも最高水準の環境が整っていなかったり、今後、改善していくべき点は多くあるにせよ、国民の健康や将来の人材育成を国家施策の重点課題として取り組んでいるブータン政府の姿勢には敬服させられます。

私も、医療と教育は国家の基盤事業であり、国民共有の財産であると考えています。長らく医療分野に携わり、最近では自社創薬にも積極的に取り組んでいます。また、理事長を兼務するメディポリス医学研究財団を中核として、がん粒子線治療研究センターを建設し、加えて、国際的な人材育成を目指す学校法人も運営しており、日本人のためのインターナショナルスクールを開設すべく準備を進めています。

当然、脈絡もなく、これらのアクションを起こしているわけではありません。すべては、「医療と教育は国家の礎」という私の理念を実践に結びつけているだけのことです。この理念は、ブータン王国のそれとまさしく一致しています。国や地域の制度や事情こそ違え、理想形に少しでも近づくよう、一歩ずつ進んでいくことが大切だとつくづく思っています。

戦後の日本経済を振り返る

第二次世界大戦後、国土の大半が焦土と化した中、日本人は持ち前の勤勉さと粘り強さで奇跡的ともいえる復興を遂げました。1950年代後半から70年代の初頭にかけて、日本は高度経済成長期を迎え、大量生産・大量消費がもてはやされた反面、公害や環境破壊などの深刻な問題が発生したのも同じころの話です。

1970年代には、オイル・ショックなどで日本経済は、それまでの勢いは見られないものの、それでも右肩上がりの安定成長を遂げていました。「日本列島改造論」が声高に叫ばれ、土地の投機的取引や地価高騰を招くことにもなりました。

1980年代には、日本の貿易黒字が拡大し、日本式の経営が「Japan as No.1」とほめそやされた反面、諸外国との貿易摩擦を解消するために、内需の拡大が迫られた結果、不動産・有価証券などへの過剰なまでの投機熱が、いわゆるバブル景気を生じさせました。このころ、多くの日本人が海外旅行に行き、ブランド品を買い漁っていたものです。

実体の伴わない信用膨張は、いずれ破綻します。それが1990年代初頭に見られたバブル崩壊です。不良債権処理問題が大きくクローズアップされ、金融機関の破綻や大企業の倒産が相次ぎました。欧米流のリストラクチャリングの波が日本にも押し寄せ、年功序列や終身雇用といったそれまでの日本的な経営慣行が急速に影をひそめていったのも、円高不況に伴う製造業の生産拠点の海外シフト、いわゆる産業空洞化が進行したのもこのころのことです。

21世紀に入り、米国や新興国の好景気の余勢を駆ってゆるやかに回復の軌跡を描いていました。しかし、2007年夏に顕在化したサブプライム問題に端を発する2008年秋のリーマン・ショック以降、世界同時不況の波に巻き込まれた日本は、1968年以降40年以上にわたって守り続けていたGDP世界2位の座を中国に明け渡すこととなったのです。

戦後の日本経済の変化の様相は時代を経るとともに加速し、複雑化しつつある感があります。脇目もふらずに働いて、復興とそれに続く驚異的な経済成長を実現した半面、「あまりにも急ぎ過ぎたために、大切なものを失ったのではないか」という自問も生まれてきます。

一国の経済情勢の変化は、国民の生活様式や気質にも影響をおよぼします。確かに日本は、終戦直後とは比べ物にならないくらい物質的に豊かで便利になりました。国民の平均寿命も世界トップにまで延びました。しかし、一方で1998年以降、13年も連続して年間3万人以上の人が自らの意思で死を選ぶという現実を考えると、本当に暮らしやすい国といえるのか、疑問もわいてきます。

かつて、日本では、親・子・孫などの複数の世代が同じ屋根の下に暮らし、お盆や法事などの行事があり、死と死者（すなわち先祖）との共生感を持つ生活習慣が身のまわりに当たり前のように存在していました。昨今、核家族化や少子化の進行、それらに伴う高齢者の独居世帯の増加、孤独死の多発などの現象は、「無縁社会」と呼ばれる悲しい世相を生み出しています。

かつて日本人が有していた家族・親族・地域社会などのネットワークは希薄化し、ゆえに現代人にとって、死とは「唐突なもの」、「なじめないもの」と化し、死と向き合う術《すべ》を見失っているといっても過言ではありません。今こそ、人と人、人と社会、人と自然、人と万物との絆について真摯に考え直す時期が到来しているのではないでしょうか。

幸せのかけ橋　～ブータンの近代化とブータン人の死生観～

昨今の開放政策の進展に伴い、ブータンにも従来の牧歌的な国情に変化が生まれてきています。テレビの解禁、携帯電話やインターネットの普及、海外からの観光客の増大などの要因により、国外の情報が洪水のようにブータン国内に流入するようになりました。かつて「ヒマラヤの孤島」と呼ばれた南アジアの小国もグローバル化の波にさらされているのです。

もともと自給自足の生活を基本とした農民が大半を占めるブータンの社会では、先進国や新興国のような格差は生じにくいものでした。しかし、農耕や遊牧以外の近代産業に取り組んで振興させようとすれば、おのずと事情は異なってきます。

観光産業を例に考えてみましょう。海外からの観光客を受け入れるためには空港や道路などのインフラ整備が必要です。ホテルやレストラン、土産物の販売店など商業施設の整備、スタッフやガイドの育成、移動車両の調達・整備、景観保護のためのルールづくりや周知徹底など、さまざまな領域で産業を育成していく手続きや準備が必要となります。

その過程で、自給自足や物々交換を原則としていた経済体制に貨幣経済が入り込んできます。都市部と農村部の生活様式上の地域格差、新たな産業の振興で潤うエリアと恩恵をあまり受けないエリアとの間には経済的な地域格差も生じます。

また、農民以外の職種・役割が発生することにより所得格差や階層格差も生じることでしょう。職種によっては一定の学歴や資格が必要とされることも考えられ、そうした場合には学歴格差が生まれます。

格差のまったくない社会など考えられませんが、格差や不均衡が歴然としてくれば、貧しき者が富や財を欲したり、不便よりも便利を望む気持ちが起こったりするのは当然のことでしょう。実際に最近では、賃金収入と便利な生活にあこがれる若者が、職を求めて農村部から都市部へ流入してくる現象が見られ、ブータンの都市部では住宅不足が徐々に深刻化しつつあります。

私は近代化が悪いことだとは思いません。しかし、近代化がブータン人の心や生活に何かしらの影響をおよぼすことは確実です。その影響が、ブータンにとってマイナスに作用することのないように政府や仏教関係者はしっかりと国民を指導して欲しいと思います。

それは、ブータン人の国民性というか気性・気質を十二分に知りつくした上で、〝ブータンらしさ〟を前面に出したブータンならではの政策をとることで可能だと思います。

現在、ブータン政府は、GNHの理念に基づいて豊かな自然環境と伝統文化の保護政策を中心に、持続可能な開発を推進しています。それは、ブータン人の死生観と密接に結びついた政策であると私は評価しています。


ブータン人は、死後は生まれ変わると信じています。信じるというよりも、当たり前のこととととらえています。人をはじめとして、生きとし生けるものは、すべて死後に何らかの生き物に生まれ変わるという思想です。つまり、ブータン人にとって、「今の生」は果てしない輪廻転生の流れの中のワンシーンであり、来たるべき「来世の生」をより幸せに迎えるために「今の生」では善行を積んで悪行を慎むというのがブータン人のDNAに刷り込まれた生き方なのです。

ブータン人はハエが部屋の中で飛んでいても殺しません。殺生は悪行であり、ひょっとするとそのハエが以前亡くなった自分の知り合いの生まれ変わりかもしれないからです。そうした死生観を持つブータン人が、自分が生まれ変わって暮らすことになる将来のブータンの環境を破壊し、住みにくい状態にすることは考えられません。

「無理せず、背伸びせず、身の丈に合った成長と繁栄を手に入れる。誰と争うこともなく、いがみ合うこともなく、傷つけ合うこともなく……これが本当の〝幸せ〟ではないか」、ブータンの人々との交遊を通じて、私はそう考えるようになりました。

一面では、やさしさ・柔軟性・飾らない実直さといった「しなやかさ」を持ち、一方で伝統を重んじる国民気質・厚い信仰心・国家アイデンティティーへの自負といった「したたかさ」も持ち合わせているブータン人。本書の冒頭で述べたように、私がブータンに感じた「なつかしさ」は、ブータン人の生き方に失われつつある古きよき日本の姿を見出したからだったのです。

日本人がブータン人から学び、ブータン人が日本人から学ぶ、いずれも多々あると思います。私は、ブータン王国の在日名誉領事のひとりとして、双方の国が今以上に交遊を深め、お互いを知り、お互いを高め合っていくための支援・尽力を惜しみません。

ブータン人と日本人との〝幸せのかけ橋〟となり、ひとりでも多くの人を幸せの光で照らせるよう固い絆を築くことができれば、これ以上の幸せはないと考えています。

あとがき

本書を執筆中に東日本大震災が発生しました。被災地は、壊滅的な被害を受けました。その中で、海上から奇跡的に救助された年配の男性が家族と再会して、「また会えて本当によかった、それだけでじゅうぶんだ」と話されていました。

地震と津波で我が家とすべての家財を失い途方に暮れている中、人間にとってもっとも大事で守りたいのは家族や愛する人であり、そういう人と一緒に暮らすことがもっとも幸せなのだ、ということを改めて感じました。

もうひとつ感動した話をご紹介します。東北地方のあるクリニックで働く看護師さんの勇気ある行動の話です。地震が発生した直後に、津波警報が出ているにもかかわらず、この看護師さんは身体が不自由な患者さんのことを心配して、患者さんの自宅に救出に向かいました。患者さんのご主人の力を借りて患者さんを2階に運ぶ途中で大津波が押し寄せてきました。患者さんとご主人はすでに2階付近の高いところにいたので助かったのですが、看護師さんは津波に飲み込まれて帰らぬ人となってしまいました。

助かったご主人は、「あの看護師さんは逃げようと思えば逃げられた。でも、自分の命よりも私たちのことを大切に考えたのでしょう。自分だけ逃げる選択をしなかった」と話されました。自分の命を犠牲にしてまでも患者さんの命を助けたのです。

この話を聞いて、人間には、他人の命を自分の命以上に大切にすることができるということを知りました。今、私たちは目先の経済的利益や自我を優先することで、本当に大切なものを失ってしまいつつあるような気がします。大切なものを失わないためにも、日ごろから真の幸福とは何かを考え、ほんものの幸せを自覚すべきではないでしょうか。

最後に、本書の刊行にあたり、ブータン王国ジグメ・ティンレイ首相、駐印ブータン王国大使館ヴィ・ナミゲール大使、ブータン王国首相顧問ペマ・ギャルポ教授のご支援とご理解、ならびに同文舘出版の中島治久社長と編集担当の津川雅代さんのご協力にこころから感謝申し上げます。

駐日ブータン王国名誉領事　永田 良一

【著者略歴】

永田 良一（ながた りょういち）

鹿児島県生まれ。医師、医学博士、密教学修士。
専門は中枢神経系（精神科領域）における薬物の作用機序の研究。現在、駐日ブータン王国名誉領事（九州・沖縄地区）、財団法人メディポリス医学研究財団（がん粒子線治療研究センター、CPC治験病院）理事長、学校法人最福寺学園 理事長、株式会社新日本科学 代表取締役社長を兼務。高野山大学、米国メリーランド州立大学、聖マリアンナ医科大学、北海道大学、東京医科大学、高知大学の客員教授・臨床教授を歴任。The Royal Colleges of Physicians of the United Kingdom (FFPM)。全国労働基準関係団体連合会「ゆとり創造賞」、日本経済新聞社（国土庁共催）「地域活性化貢献企業賞」、鹿児島商工会議所「産業経済賞 大賞」、南日本新聞社「第54回南日本文化賞 産業部門」を受賞。中華人民共和国広東省高要市「名誉市民称号」を拝受。著書に『大切にしたい「働くこころ」―その尊きちから』（同文舘出版）がある。

▶**ブータン政府観光局**
http://www.snbl.com/bhutan_tourism/
▶**ブータン王国名誉総領事館**
http://bhutan-consulate.org/
▶**財団法人メディポリス医学研究財団**
http://www.medipolis.org/

〝幸福の国〟ブータンに学ぶ
幸せを育む生き方

平成23年11月22日　初版発行
平成28年12月5日　4刷発行

著　者 ―― 永田良一

発行者 ―― 中島治久

発行所 ―― 同文舘出版株式会社
東京都千代田区神田神保町1-41　〒101-0051
電話　営業03(3294)1801　編集03(3294)1802
振替00100-8-42935　http://www.dobunkan.co.jp

ISBN978-4-495-59621-7
印刷／製本：萩原印刷
Printed in Japan 2011